「畳《たた》み人《にん》」という選択

「本当にやりたいこと」
ができるようになる
働き方の教科書

幻冬舎「あたらしい経済」編集長
設楽悠介

プレジデント社

【大風呂敷・を・広げる】

（おおぶろしき・を・ひろげる）

「実際にはできそうにないことを言ったり、計画したりする。大言壮語する」

（『広辞苑』より）

【風呂敷・畳み人】

（ふろしき・たたみにん）

「経営者や上司（プロジェクトリーダー）の突飛なアイデアを、実現可能な状態まで設計し、着実に実行に移す人。時にはチームの先導役として、また時にはいちプレイヤーとして、変幻自在に活躍するビジネスパーソン。リーダーの傍にいる名参謀や右腕。様々な部署・取引先から信頼されている、プロジェクト実行のためにはなくてはならない存在の人。

（「風呂敷畳み人ラジオ」より）

はじめに

「あなたは本当にやりたい仕事ができていますか？」
そう質問されたら、どう答えるでしょうか。

僕は幻冬舎《げんとうしゃ》という出版社でブロックチェーン専門メディア「あたらしい経済」の編集長や電子書籍・コンテンツマーケティングなどの複数の新規事業の責任者、書籍の編集者として働いています。また、漫画出版社である幻冬舎コミックスやクラウドファンディング出版のエクソダスなど、関連会社の取締役も複数社兼務しています。

個人活動としては、ボイスメディアVoicyにて、ビジネスパーソン向けに仕事を着実に実行するためのノウハウを提供する「風呂敷畳み人ラジオ」の配信を行っています。ほかにもイベント登壇、メディア出演などもさせていただいています。最近では、上場企業が行う新規事業のアドバイザーの仕事も始めました。

ここまで読まれたあなたは、色々な会社で役員やアドバイザーをしている僕のことを特別な環境で育ったすごい人なのではないかと思われるかもしれません。それは嬉しいのですが、謙遜《けんそん》でもなんでもなく、僕は普通の会社員です。そして冒頭の質問を若い頃の自分にすると、おそらく僕は「やりたい仕事はできていない」と答えたでしょう。しかし様々な経験を積んだ今は、やりたい仕事ができています。


僕は地方にある普通の家庭で生まれ育ち、普通の大学を卒業し、当時それほど知名度のなかった会社に新卒で入社して、社会人になりました。

そんな僕が社会人になって行ったことは、先輩や上司から仕事の進め方やノウハウを素直に学び、**目の前にある仕事を着実に形にしていくこと**。シンプルですが、実直にそれをひたすら続けてきました。仕事のパフォーマンスをどうやって高めるかを考えながら、努力し続けてきたのです。

僕の社会人になってはじめての仕事は、やりたい仕事ではありませんでした。むしろ、一番やりたくない仕事でした。

幻冬舎に転職してからも、最初からやりたい仕事ができたわけではありません。しかし僕は仕事を一つずつ、丁寧に実行することを大切にし続けました。もちろん若い頃から早く出世したい、早くやりたい仕事がしたいとは思っていましたが、ショートカットは考えず、まずは目の前のことに全力を注いだのです。

すると、少しずつ与えられる仕事が「やりたい仕事」に近づいていきました。徐々に昇進もし、先輩や仲間、部下も増えていきました。気がつくと、いつの頃からか僕はやりたい仕事をして、忙しくも充実した毎日を送るようになっていたのです。

今は仕事が大好きで楽しく、個人で行う活動のほうも充実しています。どんなことをするにもワクワクして、全てが学びになっています。

では、かつてはやりたい仕事ができなかった僕が、なぜ今のようにやりたい仕事ができるようになったのでしょうか。振り返ると、僕が「畳み人」という働き方を選択してきたからだと思っています。

目の前の仕事を着実に実行していくうちに僕は、やがて周りから「畳み人」と呼ばれるようになりました。「畳み人」というのは、大風呂敷を広げたようなビジネスアイデアを、きちんとした形に畳める人というたとえを基にした造語です。3ページにも書いているように、経営者やプロジェクトリーダーの突飛なビジネスアイデアを着実に実行し、形にできる人のことを指します。

僕は**やりたい仕事ができるようになるための最良のルートは、この畳み人のスキル（＝畳む技術）を身につけること**だと確信しています。

この本には、僕が仕事をはじめてから約20年間で、多くの失敗と小さな成功をくり返しながら学んできたノウハウを詰め込みました。

世の中にはビジネス書や自己啓発書がたくさん出版されています。書籍に限らず、インターネット上にも、多くの仕事に役立つノウハウや、トッププランナーたちの成功ストーリーが溢れています。そういったコンテンツの多くは、書籍であれば1冊でも多く売れるように設計され、プロモーションされています。有料のウェブメディアであれば課金したいと思わせるような、無料のウェブメディアであればアクセスを稼げるような〝濃い味付け〟が施されています。「最短で○○できる！」「カンタンに誰でもできる！」といったようなノウハウや壮絶でドラマチックなストーリーが身の回りに溢れているのです。

また、今は個人がＳＮＳで自由に発信できるようになったことで、積極的に取りに行かなくても、多くの情報が届くようになりました。ひと昔前は、自分が比較するのは社内や業界内の同世代の人や、マスメディアに出るような飛び抜けたスターのような人だけでした。それがＳＮＳにより、周りから多くのキラキラとした情報が入るようになり、人々の焦りを招きやすくなっているように感じます。

これだけ情報過多の時代に、成功を焦るあまり、色々なことに手を出すのは危険です。書籍やネットの記事、多くの他者の行動に振り回されて全てのことが中途半端になってしまっては、決して成果は得られません。流行りのダイエット法を色々試して、ずっと痩せられない人のようになっていないでしょうか。

あなたがビジネスで成功するため、そしてやりたい仕事をするためには、世の中に溢れる小手先のテクニックや味付けの濃いストーリーに踊らされず、**ビジネスの基本をしっかりと固め、自分の力で仕事を実行する力をつけること**。そのうえで、**適切なタイミングで挑戦することが何より大切です。**

よく「見る前に飛べ！」と言いますが、見る前に飛んで成功した人は、ほんのひと握りです。それは、運のいい人。また人生一度きりだから挑戦しなければと多くの人は言いますが、**人生一度きりだからこそ、むしろ慎重に挑戦すべきだ**と僕は思っています。

この本は、あなたが飛ぼうとする瞬間を、ベストなタイミングにするために書いたものです。チャンスが来た時にしっかりとジャンプができる足腰を鍛えられるようにビジネスのノウハウを詰め込んでいます。最短でも簡単でもなく、壮絶でドラマチックなものでもありませんが、きっとあなたの役に立つ「最良」なビジネス書である自信があります。

やりたい仕事ができる最良のタイミングが来るその日まで、この本があなたに寄り添って、仕事をするうえで大きな価値を生み出すお手伝いができれば幸いです。

設楽《しだら》悠介《ゆうすけ》

もくじ

【第2章】

畳《たた》み人《にん》の仕事術

【第3章】畳《たた》み人《にん》のチームビルドとマネジメント術

【第4章】
畳《たた》み人《にん》になるための仕事の基礎

【第5章】

畳《たた》み人《にん》こそ、最強の広げ人になれる

【第1章】

畳《たた》み人《にん》が求められている理由

「畳み人」は、仕事におけるプロジェクトを着実に実行していくために欠かせない存在です。この章では「畳み人」とはどういった仕事のポジションなのか、そしてこの時代になぜ「畳み人」が求められているか、「畳み人」という選択をすることのメリットなどについてお伝えします。

「畳む技術」を身につけることは、きっとあなたが仕事をしていくために重要な筋力になるはずです。

「風呂敷畳み人」とは何か？

ビジネスにおいて「突飛なアイデア」という大風呂敷を広げる経営者やリーダーを「広げ人」と仮に定義するならば、僕が本書で定義したい「畳《たた》み人《にん》」は、仕事のアイデアを形にし、着実に実行に移す仕事人のことです。**リーダーに対する「名参謀」や「右腕」のような存在**と言ってもいいでしょう。

広げ人が仕事のアイデアをゼロから生み出す「0→1の人」だとすれば、畳み人はその1を10にも100にもする仕事です。

会社のポジションで言うと、CEOが広げ人でCOO（Chief Operating Officer）

が畳み人、また会社内の新規事業であれば、プロジェクトリーダーが広げ人で、それをサポートして現場メンバーとリーダーをつなぐNo・2のポジションが「畳み人」というイメージです。サッカーのポジションでたとえると、攻守の要であるボランチのイメージです。前日本代表・長谷部《はせべ》誠《まこと》選手や現日本代表の柴崎岳《しばさきがく》選手を想像していただけるとわかりやすいかと思います。

具体的には社長やプロジェクトリーダーである広げ人の一番近くで一緒にアイデアを組み立て、実行するためのあらゆる戦略を練り、チームを組成し育て、社内外の根回しもして、その事業全体を牽引《けんいん》し成功に導くのが畳み人の役割です。

世間的には「アイデアを生み出した人がすばらしい」と、広げ人ばかり評価される風潮もありますが、僕はアイデアを生み出した人と同じくらい、いやそれ以上にアイデアをきちんと実行させる畳み人をすばらしいと考えています。

有名なアメリカの経営学者であるピーター・ドラッカーもこう言っています。

"Strategy is a commodity, execution is an art."
（戦略はコモディティであり、実行こそアートである）

仕事においてアイデアや戦略は消費されるコモディティ（日用品）のようなものですが、それを実行することはアートのように価値があるとドラッカーは言っているのです。

この言葉を借りると、本来の意味で仕事の真価が問われるのは、**「アイデアや戦略をいかに実現するか」**ということ。**アイデアは実行されてこそ意味を持ち、ビジネスでの大きなポイントになる**のです。

そういう意味でもアイデアを実行に移す「畳み人」は、ビジネスにおいて欠かせない存在であると言えます。また、そのビジネスを「畳む技術」も、多くの現場において欠くことのできない重要なスキルなのです。

畳む技術を身につけることは、バランスのいい仕事の筋力を作ること。筋力があれば長い人生、仕事を行ううえで、多くのチャンスが舞い込みます。

まず本章では、その「畳み人」の「畳む技術」がいかに重要で、どれほど求められているのかということについて、詳しくお伝えしていきます。

なぜ「畳み人」が求められているのか？

僕はふだん様々な新規事業の立ち上げを行っている関係で、多くの経営者やプロジェクトリーダーたちと接する機会があります。そんな彼らからよく聞くのが、「いいアイデアを思いついても、プロジェクトがなかなか進まない」という悩みです。アイデアを提案しても、具体的にそれを進められるメンバーがチームからなかなか出てこないというのです。

一方、現場のメンバーに話を聞くと、「プロジェクトをどうやって進めていいかわからない」「聞くたびに（上層部の）意見がコロコロ変わって実現できない」という悩みをよく耳にします。つまり実行部隊であるべき現場には、**アイデアを実行に移すための実行力や経験、さらにそれを指揮する人材が不足している**のです。

ビジネスにおいてアイデアを形にするには、多くの業務が発生します。プロジェクトの内容にもよりますが、予算組み、社内外を含むメンバー集め、スケジュールの段取り、場合によっては資金集め、法律やルールなども確認したうえで、実行までの総合的な戦略を立てる必要があるのです。アイデアを立案した広げ人がこれらを全てこなすことは、至難の業です。

だからこそ、アイデアを思いついて実行したいと思う経営者やリーダーにとって、それらの細かな仕事を着実に実行に移せる「畳み人」は貴重な存在です。畳み人は停滞中のプロジェクトを実行に移せる能力を持っているため、**どの企業もほしがる即戦力の〝スター人材〟**と言ってもいいと思います。

実際、僕が畳み人と呼ばれるようになってから、新規事業を展開する企業やスタートアップの経営者などから、畳み人を探しているという相談をよく受けます。

また僕が今まで多くの会社と仕事をして感じるのは、**うまくいっているプロジェクトには、必ずと言っていいほど畳み人の存在がある**ということです。画期的なアイデアを出す広げ人の傍で、畳み人はそのアイデアを実現可能なものにまで昇華させる役割を担っています。そのアイデアを実現させるスキルの高さから、あらゆる会社で重宝されているのです。

歴史を見ると、戦国時代に功名を挙げた武将の傍には、必ずと言っていいほど名参謀がいました。山本勘助《やまもとかんすけ》、竹中半兵衛《たけなかはんべえ》、黒田官兵衛《くろだかんべえ》など、歴史文学がお好きな人であれば、ピンとくるのではないでしょうか。

現代も、グーグルやアップル、フェイスブック、アマゾンといった有名企業はもちろん、日本のリーディングカンパニーのトップの傍にも名参謀がいます。

スティーブ・ジョブズ氏と共にピクサーを立て直したローレンス・レビー氏、ホンダの創業者である本田宗一郎《ほんだそういちろう》氏を支えた藤澤武夫《ふじさわたけお》氏、ソニー創業者の一人である盛田昭夫《もりたあきお》氏を支えた井深大《いぶかまさる》氏、任天堂の中興の祖である山内溥《やまうちひろし》氏のアイデアを具現化させた岩田聡《いわたさとる》氏……このように成長企業には、必ずと言っていいほど畳み人が存在するのです。

皆さんがご存知の「天才」や「名経営者」と呼ばれる人たちが評価されるようになったのは、そのすばらしいアイデアを傍で着実に実行する参謀、つまり畳み人がいたからだと言えるでしょう。

畳み人はＡＩ時代にこそ需要が高まる存在

ＡＩなどをはじめとしたテクノロジーの発展で、今ある仕事の多くが必要なくなってしまうのではないかと言われています。これからは、ＡＩに代替されない個性的な仕事をしなければいけない、と漠然とした不安を感じて焦っている人も多いのではないでしょうか？　これからは「個」の時代になる、だから「個」としての価値をつけなければいけないと。

テクノロジーの発展の歴史を振り返っても、これからも多くの仕事は失われていくでしょうし、今よりもますます「個」としての価値が、様々な技術で可視化されていく時代となるでしょう。

ではそんな時代に、ビジネスパーソンはどのように仕事を進めていけばいいのでしょうか？　世の中のビジネス書でも語られているように、皆がAIなどのテクノロジーでもカバーできないような個性を持って働くべきなのでしょうか。それは一つの解決法ではありますが、僕は、多くの人が実践すべきアクションのようには思えません。

テクノロジーを使うのは人間です。そしてテクノロジーと人間が入り交じりながら発展していく過程においてこそ、必要となるのがコミュニケーションです。相手が人間であれ、機械であれ、それを実行するオペレーターが必要になります。それは人と人をつなぎ、時には人と機械をつなぎ、そして仕事を実行していく役割です。

これまで様々な仕事にまつわるコミュニケーションを設計し実行してきたスキル

が、これからの時代にこそより必要になってくると僕は考えています。

この本で紹介する畳み人のスキルは、まさに様々な仕事において多様な選択肢を持ち、戦略立てて実行していくものです。そして、リーダーとチームメンバーの間に入って様々なツールを使いながら、多くのコミュニケーションを設計していく仕事です。いわば、ビジネスにおいてコアとなるコミュニケーションスキルなのです。

僕はこれからの時代こそ、畳み人の持つこれらのスキルの需要が高まってくると確信しています。

畳み人は仕事でモテる

畳み人としての仕事が評価されていくと、どんどん新しい仕事をするチャンスが舞い込むようになります。

僕もいくつかのプロジェクトを実行に移し、実績を積んだ20代後半頃から、社内の様々なプロジェクトを任せてもらう機会が急激に増えていきました。

僕は残念ながら女性にはあまりモテたことがないのですが、その頃を境に、一度に対応できないぐらいの仕事のオファーをいただくことも増えてきて、仕事ではモテ期が続いています。もちろんいただいた仕事は許容できる範囲で精査しなければなりませんが、多方面からお声が掛かることは嬉しいことです。

ビジネスにおいて、アイデアが実行に至らず立ち消えてしまうプロジェクトは無数にあるでしょう。しかしくり返しますが、**アイデアは実行してこそ価値を生む**のです。だからこそ、アイデアを実行に移してきた畳み人は重宝されます。どんなチームを組む時にも必ず入れておきたい存在になるわけです。そしてそれが一定の実績を持った畳み人であれば、なおさら引き合いが多くなってきます。

僕も若い頃は、飛び込んでくる仕事を幻冬舎でとにかくコツコツ実行に移していました。そんな僕にある日、石原正康《いしはらまさやす》専務が声を掛けてくれました。

それはちょうど、石原専務がグループ会社の幻冬舎コミックスの社長を兼務することになったタイミングでした。石原専務は「これから俺が幻冬舎コミックスの社長になって大改革をする、それには設楽が必要だ」と言ってくれて、まだ30代半ばの僕を取締役として任命してくれたのです。

その後見城《けんじょう》徹《とおる》社長からも、新しくグループ会社を立ち上げる際に何度か役員に任命してもらえるようになりました。現在は幻冬舎の他に、数社のグループ企業の取締役を務めさせていただいています。

次第にそのようなオファーの波は外に広がっていくようになりました。出版とは異なる企業からお声掛けいただける機会も増えています。昨年末からは、ある人材会社で新規事業のさらなる拡大のための実行戦略を立てるアドバイザーとして関わらせていただくようにもなりました。

働き方の選択は色々あると思います。その中でもこの本でお伝えしたい「畳み人」という働き方は、企業や業界の枠を超えて非常にニーズのあるポジションです。もちろん業界ごとに専門的な知識も必要にはなりますが、**「仕事を実行に移す」というスキルは、どこに行っても通用するコアなビジネススキル**なのです。

あなたもぜひ一流の畳み人になって、社内からも社外からも、他業界からもモテるビジネスパーソンを目指してください。

多くの広げ人は「畳む技術」を持っている

ここまで読んでいただいて「将来は起業したり新規事業を立ち上げたいから、読むのをやめよう」と思われた人もいらっしゃると思います。

でも少しお待ちください。

この本では、アイデアを実行する人を「畳み人」、アイデアを発する人を「広げ人」と定義をしていますが、一生のうち、そのどちらか一方の役割を担う人は少ないと感じています。上司とのプロジェクトは畳み人として実行に移しながら、自分の部署では広げ人として新しいアイデアを出していかなければいけない、という状況もあります。

あくまで畳み人、広げ人というのはそのプロジェクトに関するポジションです。だから長い社会人人生の中で、どんな人も両方の立場をとる機会がありえます。

僕も、プロジェクトの実行責任者という畳み人の立場を担うこともあれば、社内の新規事業として立ち上げた電子書籍事業や、企業PRを出版社のノウハウを使って行う広告事業、そして「あたらしい経済」事業では編集長として、まさに広げ人の立場で仕事をしています。

また今は「広げ人」として世に知られている有名な経営者やリーダーたちも、実は優秀な畳み人としてキャリアを積んできた人が多いです。

たとえば42歳で幻冬舎を設立した見城社長も、角川書店に在籍していた時は、当時の角川《かどかわ》春樹《はるき》社長が広げた数多くの企画や事業アイデアの大風呂敷を、角川社長の一番近くでひたすら畳んできたと聞いています。

そして今や「広げ人」というイメージが強い同僚の箕輪《みのわ》厚介《こうすけ》くんも、前職で雑誌編集や広告営業をしていた頃は、広げ人と畳み人、両方のポジションをこなしていました。彼は現在でも、プロジェクトによっては立派な畳み人として仕事を進めています。

箕輪くんは2019年、光本勇介《みつもとゆうすけ》さんの『実験思考』という本を編集しました。その本は「書籍を原価で販売し、読者が読んで感じた価値をQRコードで追加課金する」という、出版業界にとって前例のない取り組みで世間を騒がせましたが、実はこのアイデアの大風呂敷を広げたのは、著者である光本さんでした。

箕輪くんはそれを実現させるべく、本の発売前に社内の各部署に対する根回しに奔走していました。光本さんのアイデアを実現するために、電子書籍の責任者である僕にも丁寧に説明をし、電子書籍流通で書籍を原価で販売すること、QRコードで追加課金を行うことが可能で問題がないかを確認していました。その時の箕輪くんはまさに畳み人だったと思います。

自分で新規事業を立ち上げたり、起業をしたりするうえでも「畳む技術」を持っていることは非常に重要です。詳しくは第5章で紹介しますが、広げ人になるうえで、畳む技術を持っているといかに有利であるかを知っていただきたいと思います。

もちろん、**広げ人と畳み人という仕事に優劣はありません**。それぞれに面白さがあります。長い仕事人生の中で、両方の役割をこなしながら、最終的にどちらの仕事を増やしていくのかを考えればいいのです。

コラム

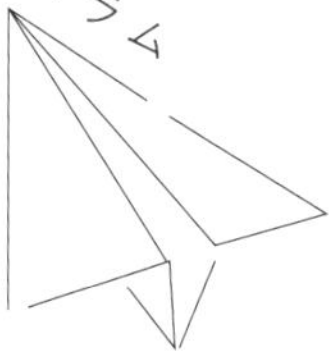

こうして僕は「畳み人」になった1

僕は憧れの出版業界に入ったはずだった——

僕は大学生の頃から書籍や雑誌が好きだったので、編集プロダクション（以下、編プロ）でアルバイトをしていました。そこで編集の仕事の魅力に取り憑《つ》かれ、「社会人になっても編集の仕事をしたい」と思うようになりました。

就職活動では出版社に的を絞って応募し、毎日コミュニケーションズ（現マイナビ）という会社に内定をもらいました。僕は当時からパソコンが好きで、とくにマッキントッシュ（Ｍａｃ）が大好きでした。そのマッキントッシュの雑誌を出していたのが、マイナビの出版部門だったのです。

「よし、マッキントッシュの雑誌を作れるぞ」とワクワクしながら大学生活を終え、マイナビに入社しました。しかし、新人研修後に言い渡された配属先は、就職情報事業の営業職だったのです。

僕は大きなショックを受けました。「大学生の頃からずっと編集の仕事をやってきたのに……。なんだよ、営業って！」。そう思い、すぐに会社を辞めて大学時代にお世話になった編プロに転職してしまおうとも考えました。

「営業の仕事なんてダサい」

新卒の僕は勝手にそうイメージしていましたが、実際に仕事を始めてみると全く違いました。自分の仕事が明確に売上につながり、その売上が会社の皆の給与になるわけです。会社の皆に貢献している手ごたえが感じられ、自分が仕事を取ってきた時は、ものすごい達成感がありました。それに、学生時代では想像できないような大きな金額を動かせる楽しさも実感するようになっていきました。

自分の評価が明確に数字で見える、というのも営業の醍醐味でした。会社では全国規模で営業成績のランキングなども掲示され、成績優秀者には賞金が渡されます。

この明確な評価制度も、頑張りに拍車をかけてくれました。僕を教育してくれた上司は非常に厳しい人でしたが、そんなことは気にならないほど、営業の仕事にのめりこんでいきました。

「たまたま営業職が合っていたんでしょう?」と思われるかもしれません。しかし、全てが楽しかったわけではありません。それまでお付き合いのなかった取引先に営業して新しく契約を結ぶことは、大変です。当時は手当たり次第に電話をしてアポイントを取り、訪問をくり返しました。契約が取れるまで、100件でも200件でも電話をし続けました。電話営業中、上司が常に僕の隣に立ち、その都度話し方を正されたりもしました。

アポイントが取れて外回りが増えても、その訪問の合間に少しでも時間が空けば公衆電話から電話をし続けました。とにかく「一瞬のスキさえあれば電話を」という生活だったので、昼食もほとんど立ち食いそばだったほどです。そして訪問先が増えてもなかなか受注が取れず売上が伸びない時は、上司から企画内容やプレゼンの方法についても厳しく指導を受けました。

希望していた編集の仕事とはかけ離れた毎日が続き、正直はじめの頃は大変でした。それでも必死に頑張り続けた結果、いつの間にか成果も出てきて、徐々に楽しくなっていきました。入社1年目はノルマも達成し、賞金ももらいました。1年目の成績が評価されると、2年目は大手クライアントを中心に営業を行う社内の花形部署に異動。そこからまた結果を出すために愚直に努力するという生活が続いたのです。

異動先の部署は、億単位の予算をもらって大手企業の採用コンサルティングをする部署でした。電話をひたすらかけるといったような、気合いでなんとかなる仕事ではありません。クライアントの課題を理解して企業ごとに提案を練り込み、経営陣を前にプレゼンを行う仕事でした。

社会人2年目の僕は、ほぼ毎日のように夜中までリサーチをしたり、プレゼン資料を作ったりしていました。しかし、不思議と辛くはありませんでした。別に会社に強制されたわけではなく、自らすすんで行っていました。

練りこんだ企画を経営陣にプレゼンして競合他社に打ち勝ち、大きい予算が取れた時の嬉しさはたまらないものがあり、その快感を得るための努力は、全く苦にはならなかったのです。そうして僕は、大学時代からは考えられないほど、営業という仕事にハマっていきました。

一方、マイナビで採用や人事の仕組みを学ぶ中で、僕は毎日「働き方」について考えるようになっていました。マイナビで営業をしている時、常に成果が出続けていたわけではありません。時には売上が上がらず、上司に厳しく指導されることもありました。不安や焦りを感じて仕事もうまくいかなくなるという、負のスパイラルに陥《おちい》ることもありました。そんな時、「なぜこのような状況になってしまうのだろう」と悩んだものです。

その悩みに対する僕の回答が、「一つの会社に依存しすぎているからではないか」というものでした。一つの組織に依存して少しでもうまくいかないことがあると不安になり、焦ってしまう。すると、ふだんのパフォーマンスを出せなくなってしまうのではないかと思ったのです。

僕はある時、「マイナビの営業とは違う仕事をして同じぐらいの給与をもらっていれば、少しくらい不調になっても不安にならず、フラットな気持ちで働けるのではないか」という仮説を立てました。学生時代からパソコンやインターネットが大好きだったため、それらを活用して副業を始めようと考えたのです。

そうして僕は、「副業でマイナビと同じ給与を稼ぐ」ということを目指し、日々努力しました。夜中の1時~2時くらいまで会社で働き、帰宅してからも就寝せず、1~2時間は副業をする。土日も可能な限り副業に費やす。その副業では企業のウェブデザインを受注したり、自分でブログやウェブサイトを作ってアフィリエイト広告を載せたりしてお金を稼ぐようになりました。1日3時間ぐらいしか寝ませんでしたが、若かったからこそできたのだと思います。

結局、ウェブデザインは数ヶ月に一度受注できる程度で、アフィリエイトでも最高で月に10万円ほどしか稼げず、マイナビの月給を超えることはできませんでした。

ただ、この時に勉強したウェブデザインやプログラム、ウェブサービスを使ったビジネスについての知識が、後になって役立つことになります。この時には想像もしていなかったのですが。

【第2章】

畳《たた》み人《にん》の仕事術

第１章で、畳み人は広げ人と一緒にプロジェクトを着実に実行していく重要な存在だということを感じていただけたかと思います。

ここからはプロジェクトを着実に実行していく畳み人として、広げ人とどのように仕事をしていけばいいか、事例も交えながら紹介していきます。あなたが一緒に仕事をしている経営者やプロジェクトリーダーを想像しながら読んでいただければ幸いです。

広げ人のアイデアを「はじめは」一緒に面白がれ

広げ人のアイデアを「はじめは」一緒に面白がること。

これが風呂敷畳み人にとって、非常に大切なファースト・アクションです。

広げ人がすばらしいアイデアを生み出した時は、何よりもまず「共感者」を求めています。だからこそ畳み人はたとえリスクを感じても、そのリスクと同等か、もしくはそれを上回る可能性を感じたのであれば、大いに面白がりましょう。

アイデアを生み出した広げ人と一緒になってそのプロジェクトを世に広めていく

のが、畳み人の役割の一つです。優秀な広げ人が出すアイデアは実に突飛なものなので実行するのが難しく、障壁も高いです。ただ**簡単に実現できそうにないからこそ、そのビジネスアイデアが大きな価値を含んでいる可能性は高い**と言えます。

アイデアを出したばかりの広げ人は、とても高揚しています。「やばい、自分は天才かもしれない」と、生み出した喜びに興奮し、自分の中でモヤモヤしていたアイデアが形になった時の心地よさを味わっています。

また広げ人はアイデアを思いつくやいなや、そのアイデアを実現する可能性を探り始めます。その時の心境はまるで、宝の地図を手に入れて、今から船を出して宝島に向かおうとする船長です。そしてその船出には、船を漕いだり、探検をしたりするための仲間が必要です。

ただしそのアイデアが突飛であればあるほど、それを聞いた現場のメンバーは実現できる可能性が低いと感じるものです。そのアイデアを思いついた広げ人はメンバーに聞きます。「このアイデア、どう思う？」と。

その時現場のメンバーの回答として多いのは「面白いと思うんですが」から続く、いくつかの懸案事項です。「それは面白いのですが、コストがかかります」「マネタイズが難しいです」「今の社内にはそれを運用するマンパワーやリソースがありません」「すでに似たようなサービスがあるかもしれません」など。

もちろんそういった指摘は事実として的を射ていることもあるでしょう。しかしくり返しますが、イノベーションを起こすようなアイデアは、誰もが簡単にできないことの中にあります。つまりそのアイデアにリスクがあるのは、当然なのです。だからこそ畳み人は、まずそのアイデアの「面白いところ」を探しましょう。そして**共感できるポイントが見つかれば、大いにそれを面白がりましょう**。その時点では、広げ人のアイデアの実現を阻《はば》む事柄についていったん忘れてしまってもいいのかもしれません。

僕は20代後半から会社でウェブビジネスや新規事業の仕事をしていたので、その頃からよく上司や同僚からアイデアの相談を受けていました。でも自分はウェブに詳しいという自負もあり、はじめのころは素直に「一緒に面白がる」ことができませんでした。それどころか、あたかも評論家気取りで広げ人のアイデアを否定することも多くありました。

ある時先輩から「ちょっと意見を聞きたいんだけど」と、プロジェクトの相談を受けたことがあります。

それに対して僕は偉そうに辛口で批評し、「辞めたほうがいいですよ」と言いました。するとその先輩は顔を真っ赤にして「お前の意見なんか聞いていない。この部署を任されている俺がやりたいからやるんだ！」と怒鳴ったのです。

先輩のほうから意見を聞きたいと言ってきたのに「お前の意見なんか聞いてない」と怒鳴るなんてめちゃくちゃだなと、当時は僕も苛立っていました。でもそういった経験を何度かくり返して気付いたのです。僕を怒鳴った先輩の言葉が本音のケースもあるんだなと。

つまり相談してきた先輩は、本当は意見を聞きたいわけではなく、どちらかと言えば**共感してほしかった**のです。「いいですね！」と背中を押してほしかっただけなのです。

それに気付いて以来、僕は広げ人から相談や意見を求められた時は、まず、できるだけそのアイデアの本質を見て共感したり、完全に共感はできなくても面白そうなポイントを探ったり、一緒に面白がったりするようになりました。そうすると、広げ人とのコミュニケーションに変化が生まれ始めたのです。

広げ人からアイデアを聞いたら、まず面白がる。それが、広げ人がアイデアを広げた瞬間に、畳み人が真っ先に取るべき行動なのです。

アイデアの共犯者になって、軌道修正できるポジションを取れ

広げ人と一緒にアイデアを面白がれと言いましたが、「あまり自分が面白いと思わないアイデアを面白がったとして、実際にそのプロジェクトが進み始めた後、うまくいかなかったらどうすればいいのか」と、不安な人もいらっしゃるかもしれません。しかし、心配は不要です。

広げ人と一緒に面白がることとの大きなポイントは、**「はじめは」**という部分です。

まず、評論家ではなく賛同者を探している広げ人の想いに応えること。それは、畳み人自らが**プロジェクトの実行においてポジションを取り、場合によってはそのア**

イデアを軌道修正や中止できるようにするためのアクションなのです。

実は前項で紹介した、僕のことを怒鳴った先輩とのやり取りには後日談があります。

結局、その先輩のプロジェクトは動き出しました。僕はそのプロジェクトがうまくいくように、その後も先輩に何度もアイデアを提案しましたが、ほとんど聞き入れてもらえませんでした。もちろんプロジェクトは実施してみないと結果はわからないので、僕の意見が全て正しかったわけではないと思います。ただそのプロジェクトは大きな結果を残せず、次第にフェイドアウトしていきました。

この一件以来、僕は前項でも書いたように、先輩や同僚からアイデアの相談を受けたら、決して頭ごなしに否定せず、「はじめは」一緒に面白がるようにしようと決めました。

広げ人のアイデアに真正面から向き合い、少しでも面白がれる可能性を探ったう

えで、「こんな可能性もありますね」と、前向きな提案を心がけたのです。

するとは広げ人は、その後のプロジェクトを組み立てていく過程で僕に意見を求めてくれるようになりました。それは広げ人にはじめに共感したことで、そのアイデアの共犯者になれたからです。そうなってから僕が「この部分は変えたほうがいいんじゃないですか」と本音を言うと、内容によっては取り入れてくれるようになりました。さらに「やっぱりこのプロジェクト自体、やらないほうがいいのではないでしょうか」という意見でさえ、場合によっては受け入れてくれるようになったのです。

アイデアを出した人は最初、自分のアイデアを否定されることを拒みます。なぜなら自信があってそのアイデアを出しているからです。反対する人の意見にも耳を傾けますが、なかなか素直には言うことを聞かない場合も多いです。

反対されると広げ人は思います。「コイツ、このアイデアのすごさをわかっていないな」と。

とくにプロジェクトを動かす前から否定的だったりネガティブなことを言ったりする人に対して、そう感じることが多いものです。

一方、自分のアイデアをはじめに「面白い」と共感して、一緒に本質を見ようとしてくれる人のアドバイスは検討してくれるはずです。悩み相談で、見ず知らずの人のアドバイスはあまり参考にしなくても、長年付き合った親友のアドバイスは参考にしようと思いますよね。その時の感情に似ています。

だからこそ、広げ人のアイデアの本質を見てはじめに一緒に面白がれば、畳み人という立場で先々そのプロジェクトを軌道修正していくことができます。

プロジェクトを進めていく段階で面白いと思わない、もしくは中止したほうがいいと感じれば、プロジェクトの中止をも促せるのです。

反対意見や何らかの提案をしたいなら、まずは面白がって相手のアイデアの共犯者になること。それが畳み人としてまず取るべきポジションです。

広げ人は朝令暮改でいい

広げ人は、出したアイデアや方針をすぐに変えてしまう傾向にあります。

たとえばプロジェクトリーダーがある戦略を立てていたのに、次の会議の時にはその戦略を突然辞めると言い出したり、いきなり違う戦略を言い出したりした経験はないでしょうか。もしくは漠然と会社やプロジェクトリーダーに対して、方針がコロコロ変わるなと感じたことはないでしょうか。

そういうことがあると現場で指示通り動いているメンバーは「え、前と話が違うじゃないか、せっかく準備していたのに」と不満に思います。実際、そのために自分が時間を費やしていた場合は腹が立ちますよね。

しかし僕は**広げ人こそ、朝令暮改であるべき**だと思っています。僕が今までに出会った優秀な広げ人たちは皆そうでした。**過去のアイデアに縛られず、面白いほどどんどんアイデアの形を変えていく傾向があるのです。**

広げ人の視点は、組織の「内」よりも「外」に、未来に向けられています。そして、世の中は常に動いています。そのため広げ人がある時にいいと思ったアイデアや戦略も、たった数日の間に古いものになってしまうこともあります。

ビジネスにおいてそのアイデアが市場とズレた場合、その戦略をすぐに変更するのがベストです。おそらく広げ人自身も、途中でアイデアを変えるとメンバーから朝令暮改だと言われることは自覚しています。

しかし大切なのは、一度出した自分の考えを曲げないことではなく、その**アイデアを世の中に合わせて軌道修正し、いかに成功できる確率を高めるか**ということです。

当たり前ですが、朝令暮改の態度を取ってスタッフに不満に思われるよりも、状況に合わなくなった戦略を「皆に言ったから」という理由で続けるほうが、会社にとっては大きな損失です。

広げ人は朝令暮改でいいのです。サンクコスト（埋没費用）を常に気にしているような人は、本当の広げ人ではありません。

風呂敷畳み人ラジオの相方でもある NewsPicks の野村高文《のむらたかふみ》さんと僕は、幻冬舎と NewsPicks の協業プロジェクト「NewsPicks アカデミア」の事業を、まさに畳み人という立場で実行に移してきました。ちなみにこのプロジェクトの広げ人は当時 NewsPicks 編集長の佐々木紀彦《ささきのりひこ》さんと、同僚の箕輪くんでした。

プロジェクトがある程度軌道に乗ってきた頃、さらにプロジェクトのサービス内容を拡充するために専用アプリを作ろうという話になりました。

会議で佐々木さんが「アプリにこういう機能をつけるのはどうかな」と提案する

と、箕輪くんが「いいね、それ。もっとこうしよう」とアイデアを付け加えます。
会議で合意を得たら、次の会議までにエンジニアが新しい機能を追加するためのシステム改修の設計を行い、僕や野村さんはそれにかかるコストの見積もりや期待できる効果予測などを計算しました。

それから1週間後の会議でエンジニアや僕、野村さんが、アプリの新しい機能について調査した内容を報告しようとするや否や、アイデアの発起人である佐々木さんや箕輪くんから「やっぱりこの機能はプライオリティが低いよね」「そもそも専用アプリを作る意味があるんだっけ」などと一蹴《いっしゅう》されてしまうこともよくありました。

しかし、エンジニアをはじめ、僕も野村さんもほぼ「先週言っていた話と違うじゃないですか」とは言いませんでした。なぜなら確かに冷静に考えると、機能の追加を見送るほうが正しいと感じていたからです。2人に対する忖度《そんたく》などではなく、市場や顧客にもたらす効果を冷静に考えると納得できたので、誰も文句は言わなかったのです。

もちろんその変更が市場や顧客にとってマイナスになるようであれば、メンバーは正すべきです。ただそこに費やした時間がもったいないとか、以前そう言っていたではないかという感情を入れるべきではありません。

メンバーが費やした準備が無駄になることは、少なくとも市場や顧客には関係のないことだからです。

でも、準備が無駄になってしまうことは、メンバーにとって楽しい話ではありません。苛立つ気持ちも十分にわかります。だからいっそのこと、**広げ人は朝令暮改をする性格だから仕方ないと思い込んでしまうことが大事**です。むしろ、広げ人はめまぐるしい時流に常にアンテナを立て、アイデアの本質を追いかけて試行錯誤しているのだ――。そんな優秀な人と働けることを楽しむようにしましょう。

広げ人のことを世界で一番理解しろ

前項で広げ人は朝令暮改であると書きました。しかし広げ人には、当然、色々なタイプの人が存在します。

そんなあらゆるタイプの広げ人に対応するために大切なのは、**広げ人のことを世界で一番理解しようと努めること**です。

いささか大げさな表現に聞こえるかもしれません。

でも僕は常に一緒にプロジェクトを進めるためには、誰よりも自分が広げ人の行動も考えも、無意識で行っている癖でさえも理解する意気込みで臨みます。仮に恋人や家族がいる広げ人であっても、僕はその人たちよりも広げ人のことをわかっている存在を目指します。

広げ人のことを世界で一番理解するために必要なのは、とにかく**観察すること**です。広げ人の言葉に丁寧に耳を傾け、その言葉を深く理解しようとすること。さらに、なぜそのような発言をするのか、どういった考えなのか、その時の心理状況はどのような状態か、といったことを全身全霊で想像します。言葉に限らず、行動も含め、**広げ人の全てのアクションとその思いの裏側に想像力を働かせましょう**。

一緒に働き始めて間もない頃であればあるほど、とくにこの意識が大切です。

もちろん想像力を働かせても、イメージできなければ「今どういう想いでその話をしたんですか」と本人に聞いてみてもいいでしょう。気持ち悪がられても「僕はこのプロジェクトを実行しなければいけないので、どんなに細かいことでも◯◯さんのことを知りたいんです」と言いましょう。

とても大変だと思われるかもしれませんが、ある意味一種のゲームだと思って一定期間試してみてください。ものまね芸人が、ものまねをする人になりきってアドリブで笑いをとるように、広げ人になりきってください。

ちなみに僕は、同僚の箕輪くんと一緒に畳み人としてプロジェクトを進めている時は、彼のことを誰よりも理解しているつもりでいます。彼の家族よりも、彼のことを理解しようと心がけています。

僕が編集長をしている「あたらしい経済」で箕輪くんに次世代の働き方についてロングインタビューをしたことがあります。そのインタビューは大いに盛り上がったものの、記事化できないオフレコ話がほとんどでした。ここで告白するのもなんですが、実は記事に書かれていることの半分ぐらいは箕輪くんの言いそうなことを僕が想像して書いています（もちろん公開前に彼にチェックしてもらっているので、虚偽の内容を掲載したわけではありません）。原稿を書く際に、僕は箕輪くんを自分に憑依《ひょうい》させたのです。「箕輪くんならきっとこう言うだろう」と、想像力をフルに働かせて原稿に文字を打ち込みました。

嘘だと思う人は、僕を箕輪くんだと思ってインタビューしてみてください。箕輪くんよりも箕輪くんらしい発言ができる自信があります（笑）。

畳み人は広げ人の最も近くでコミュニケーションを取っていく立場です。プロジェクトを実行するためにも、広げ人について世界一理解して詳しくなることが必要です。

そして次項で詳しく説明しますが、広げ人の世界一の理解者になることは、そのプロジェクトチームを動かしていくうえでも、とても重要な要素になります。**畳み人にとって欠かせない心構え**とも言えるでしょう。

広げ人の味方になれ、秘密もプライベートも共有しろ

ここまで、広げ人の特徴と向き合い方についてお伝えしてきました。

読者の中には「広げ人とこんなに過剰に接する必要があるなんて、大変だな」と感じた人もいらっしゃると思います。たしかに広げ人と一緒に仕事をするのはかなりのエネルギーを消耗します。しかし広げ人のアイデアに共感して受け入れ、一番の理解者になることは、難易度の高い仕事を実行するために必要なことです。

そのために畳み人は、広げ人に対し、なんでも話せる唯一の味方になるべきなのです。

広げ人は孤独な存在です。

常に世の中にないアイデアをひねり出しては、一心不乱に成功を目指しています。そのぶん、並大抵ではない精神力を持っています。

ところが時には、社内から反発や抵抗を受けることもあります。イノベーションを起こす可能性があるアイデアであればあるほどリスクは高くなり、周りがそのアイデアを実現することに怖気づくからです。自分の出したアイデアが誰からも賛同してもらえず、味方すら出てこない――。そうなると、さすがに広げ人とはいえ落ち込んで、チームを疑ったり、不安に思ったりすることもあるでしょう。

そんな時に、畳み人が味方になってくれればどれほど心強いでしょうか。

畳み人は、**リスクの高いアイデアを面白がり、広げ人と二人三脚で実行していく立場です。広げ人の不安や迷いを察したら、とにかく広げ人の一番近い味方として話を聞きましょう。**

広げ人の一番近くで仕事を行っていると、相手の精神の揺れには敏感になるはずです。前項のように広げ人の一番の理解者として日々コミュニケーションを取っていると、自然と相手のバイオリズムがわかってきます。

プロジェクトを進めていく中で、広げ人の不安や迷いがチームに伝われば、一気にそのプロジェクトの熱量は下がってしまいます。広げ人が周囲に迷いを見せないほうが、仕事はうまく進みます。そのため**畳み人は積極的に、広げ人の不安や迷いを受け止めましょう**。

さらに、プライベートな事柄で広げ人の精神状態が不安定になることもあります。誰もが仕事だけして生きているわけではないので、当然のことです。仕事とプライベートは切り分けるべきかもしれませんが、そう簡単にできることではありません。

プライベートな部分を積極的に探る必要はないですが、畳み人は、広げ人の一番近くにいる存在として、**仕事以外の部分にも敏感になるべき**です。日々の仕事のコミュニケーションの合間に、プライベートに関することなども（あくまで本人が気分を害さない範囲で）積極的に聞いていきましょう。

「プライベートなことまで立ち入るなんて仕事とは関係ない」と思われるかもしれませんが、そういったことも含めて、**広げ人の精神を支えるのが畳み人の仕事**です。

もちろん、必ずしも広げ人と恋人との関係まで把握しておかなければいけないわけではありません。しかし、それが仕事に影響していると感じたのであれば、情報を探りに行くことは大切ですし、時にはその悩みや愚痴の聞き手になる必要があるのです。

感情的になるな、冷静さを保て

広げ人と一緒にいると、「感情の起伏が激しくて付き合うのが難しい」と感じる側面があるかもしれません。しかし、人間は喜怒哀楽のある生き物です。仕事を進めていくうえで感情的になることは多々あります。

とくに広げ人はチームを先導する立場。ある程度感情豊かなほうが、チームを先導しやすい傾向があります。

たとえば、プロジェクトが一つのハードルを越えることができた時は、広げ人がそれを大いに喜ぶことで、チームの意識をさらに高めることができます。

またライバルなどに対して広げ人が強い敵対心や怒りを表すことで、チーム全体の戦闘意識を高められるというメリットもあります。

ミスやトラブルが起こった時なども、むしろ広げ人はある程度感情的であるべきです。ミスやトラブルに際して広げ人が苛立ったり怒ったりすると、チーム内に「今後ミスしないように気をつけよう」といったような意識が共有され、チームの雰囲気を引き締めることができます。広げ人はある意味、「感情」というツールをうまく使って、チームの意思統一も図るべき立場なのです。


一方、畳み人は冷静さを保つことが大切です。

とくにプロジェクトのミスやトラブルを的確に処理するためには、チームの中で冷静さが必要になります。畳み人は冷静に状況を判断し、次のアクションを広げ人やチームに提案しましょう。

ではいかに冷静さを保つのか。

これには性格なども関わってきますので、難しいと思われるかもしれません。でもまずはシンプルに、**「自分はチームにおいて一番冷静でいよう」と心がけること**が大切です。

そしてできるだけその事象を俯瞰《ふかん》的に捉えるようにしましょう。「他のチームや会社ではこのようなトラブルが起こっているのだな」というふうに、客観的な視点で捉えるようにするのです。

このように客観的な視点を意識するだけでも、ある程度のトラブルに対しては冷静な判断ができるようになるでしょう。しかしそれでも冷静でいられないぐらい大きなトラブルが起こることもあります。その場合、小手先のテクニックではなく、経験がものをいいます。これればかりは近道はありません。**成功もトラブルも、より大きいものを経験しておくことで、冷静に判断できるようになります。**

たとえば海外旅行ではじめての国を訪れる場合、わからないことが多くて不安ですよね。でも2回目の訪問であれば、不安は減っているはずです。

実はトラブルも一緒。大きなトラブルを経験すればするほど、同じようなトラブルを許容できるようになっていきます。

畳み人は「経験を得る」という意味合いにおいては**トラブルを好物にすべき**です。僕も若い頃は、チーム内の小さなトラブルに対し、その都度うろたえていました。そして仕事の範囲が大きくなればなるほど、立ちはだかるトラブルの解決難易度も高くなりました。でも少しずつ、そのトラブルを乗り切る経験を地道に積むことで、多少のことではうろたえなくなりました。

20代の頃経験した大きなトラブルで忘れられないのが、ある編集プロダクションとの提携事業です。

当時僕はその会社が作った書籍を、幻冬舎の書店流通をアウトソーシングして提供する仕事を担当していました。

その会社は創刊ラインナップとして6冊の書籍を同時刊行。それぞれの部数は1

万部を超えていたと思います。当時の出版事情を考えても、新規企業の出版部数としては大きい部数です。

僕は先方の担当者に、売れなければ当然返品されるので、この部数だとリスクがありますよとアドバイスしましたが、担当者は「絶対売れるから大丈夫」と自信満々でした。しかし発売後、その書籍はほとんど売れませんでした。

トラブルはそこで起こりました。

書籍の売上が芳《かんば》しくないとわかると、その会社の担当者は今回の仕事で幻冬舎が請け負った流通手数料について、「支払い期日を待ってほしい」と言うようになりました。僕は待てない旨を伝えました。なぜならその書籍を印刷した別会社からも、この編集プロダクションからの支払いが滞っているという情報が入ったからです。

今回の仕事に関する利益を取りっぱぐれるわけにはいかない。僕はそう思って、先方にしつこく連絡しました。しかし次第に、担当者や経営陣とも連絡が取れなくなっていきました。我慢ならず先方のオフィスに押しかけた時には、すでに遅し。ほとんど荷物のなくなったオフィスで僕がその会社の社長から言われた言葉は、「倒産します」でした。結局書籍が売れずに制作費さえ賄《まかな》えなくなり、彼らは倒産の道を選んだのです。

そこからも僕はその会社に支払いを求めましたが、不思議なもので倒産することを決めた会社の社長は強気でした。「ないものは払えない」の一点張り。しまいには「設楽さんも会社の仕事でやっているんだから、そんなに頑張らないほうがいいよ。夜道とかも気をつけたほうがいいし」などと脅されました。

結局支払いはしてもらえず、僕は会社に損失を計上することになってしまいました。それについてはとても反省しています。

でも僕はこのトラブルから多くの学びを得ました。取引先が倒産することもあるということ、倒産を選んだ会社の担当者は強気になりやすく、交渉が不可能であること、さらに債権者集会に出ても資金はほとんど回収できないことなどです。

加えて、そもそも一緒にビジネスを行ううえで、提携企業をきちんと審査すべきだったこと（もちろんこの件は審査していたのですが）、契約上で一部の支払いを先払いにすべきだったことなど、トラブルを通じてリスクを軽減できる事前の施策についても学びました。

もちろん今でも取引先が倒産したり逃げたりすることは避けたいですが、あの頃よりは動じずに対応できると思いますし、その時のリスク回避の施策も事前に組み立てることができると思います。

トラブルは避けられればベストですが、**起こってしまった時は「経験になる」と考えて前向きに対応しましょう**。その経験の積み重ねが畳み人であるあなたに、チームで一番冷静にさせる力をもたらします。

畳み人は全リスクを察知し、広げ人にはマクロなリスクのみ伝えよ

冷静さを保つ以外に、畳み人として求められる重要なスキルの一つが、**リスクを察知する力**です。広げ人のアイデアが大きければ大きいほど、実行する際のリスクは多数存在します。

しかし広げ人が仮にそのリスクを綿密に計算しながらアイデアを形にしていくとすると、どうしても広げた風呂敷が小さくなってしまいます。広げ人はリスクを気にする必要がゼロではないのですが、細かく意識しすぎればしすぎるほど、アイデアにブレーキがかかってしまうのです。

そこで畳み人としては、広げ人がアイデアを広げることに集中できるよう、サポート役に徹します。つまり、**広げ人の代わりに様々なリスクを想定して動くの**です。

ビジネスのアイデアを実行に移す際には、大きなものから小さなものまで、多数のリスクが存在します。それをミクロとマクロの両方で捉え、そのプロジェクトに関する金銭、法律、人材リソース面などの様々な可能性を考慮してリスクを算出していきます。

その時には心配性すぎるぐらいでちょうどいいかもしれません。とにかくこのプロジェクトの中で畳み人は、誰よりもリスクに敏感になるのです。そのうえで「最大のリスク」がどの程度なのかを算出し、それを広げ人に伝えましょう。

たとえば書籍の企画であれば、この書籍が1冊も売れないと仮定した場合、製造原価と広告原価と流通原価、人件費などを合わせてこのぐらいの赤字になります、ということを伝えます。

いくらアイデアにブレーキをかけないようにするとはいえ、最大のリスクだけは、広げ人にも認識してもらう必要があります。それだけでいいのです。**瑣末《さまつ》なリスクを逐一報告して、広げ人の貴重なリソースを割いてしまうことを避けましょう。**

畳み人は無限の選択肢を持って、戦略を立てろ

数々のリスクを察知することに加えて、万が一のトラブルに対応するためにも畳み人に必要なのは**選択肢**です。畳み人は業務を任せたり、急なトラブルや仕事に対応するために、社内外に多くの選択肢を持っておくべきです。

広げ人が遠い目標地点に一本の旗を立てる役割だとすれば、その先の**ゴールまでの道を作り、整えていくのが畳み人の仕事**です。広げ人やチームメンバーに対して様々な道具を提供できれば、その分だけ仕事の可能性は広がります。いつでも都合

のいい道具を出せるドラえもんのような存在を目指しましょう。

一つのアクションに対して、少なくとも5つぐらいの選択肢を想定できるようにしておくことをおすすめします。

そのためにはふだんから、選択肢を複数想定する習慣を身につけることが大切です。

たとえばあなたの大切なクライアントから呼び出しがあり、急ぎで伺わなければいけなくなったとします。ところが外は大雨です。

そんな時、普通に考えるのは、タクシーで行く、電車で行く、歩いて行く、などの選択肢でしょう。距離的には、タクシーで行くのが速そうです。ただ大雨だと、タクシーがすぐに拾えない危険性もあります。すると、途中までは電車で行ってタクシーが拾いやすい大きな駅からタクシーに乗るという方法を思いつきます。また、もしかすると会社の営業車が空いているかもしれません。

このように、日常のどんな些細なことでも、パッと思いつく以外の選択肢がないか、思考する習慣を身につけることが大切です。

ふだんから、取引先などもどんどん新規開拓して、いざという時に切れる自分のカードを蓄えておきましょう。

幻冬舎で『お金2・0』という書籍を執筆していただいたメタップスの佐藤《さとう》航陽《かつあき》会長と、新たなプロジェクトの打ち合わせをしていた時のことです。

新プロジェクトに関する話が盛り上がり、すぐにでもキャンペーンサイトを作って公開しようということになりました。ここでのアイデアの広げ人は、佐藤さんです。テンションも大いに上がっていました。「サイトを作るのに時間がかかるなら、今すぐに自分で公開してしまおうか」と、その場で文章や写真を気軽に投稿できる、noteの管理画面を開きながら言ってしまうほど、佐藤さんはそのアイデアを早く形にしたがっていました。

ただ同時にそのキャンペーンは、大々的に告知したほうが期待する結果になることも想像がつきました。またウェブサイトも、インパクトのあるデザインやメッセージを盛り込んだものを作るべきだと思いました。

そこで今すぐ情報を世の中に出したいと興奮している佐藤さんに、僕は「サイトの制作に24時間だけください」と切り出しました。佐藤さんのテンションを保ったまま、こちらから実のある提案をするには、24時間が限界だと感じたからです。

佐藤さんも、「24時間でできるのであれば、サイトもクオリティが高いほうがいいね」と納得し、サイトの公開を待ってくださることになりました。

そこから僕は複数の選択肢を検討しました。目的は、クオリティが高く、インパクトのあるデザインとメッセージを込めたキャンペーンサイトを24時間で作るということです。

当時僕が自分の中で出した選択肢は、次の5つでした。

1　デザインに確実な信頼を置けるA社に依頼
2　A社にはややデザインが劣るが、仕事の速さで信頼のおけるB社に依頼
3　デザインはB社に劣るが、幻冬舎とは別の大口取引があり、無理を聞いてくれやすいC社に依頼
4　自分で一からウェブデザインをする
5　既存の幻冬舎のウェブメディアのデザインの一部を突貫で改修して、そのサイトの中にキャンペーンサイトを作る

この中で1〜3の選択肢は、外部の会社の力を借りないとサイトはできあがりません。そのため僕は全ての選択肢を洗い出した後、まずA社、B社、C社の3社に一斉に連絡を取りました。急ぎのため、他社にも相談している旨を伝えたうえで、無理を承知で24時間以内にサイトを公開できないかと聞いてみたのです。

ちなみに右記の選択肢は、番号が若いほうがデザインのクオリティが高く、番号

が後になればなるほど納品スピードは速くなっていきます。4と5の選択肢は1〜3に比べさらにクオリティは下がるものの、自分の手を動かすだけで完結できるので外注せずに済み、時間を短縮できる選択肢でした。

結局、2のB社と3のC社が24時間で対応可能という返事をくれました。そのうえで僕は佐藤さんに、選択肢を3つに絞って提案をしました。

1　C社よりクオリティの高いB社で製作する
2　設楽が一からデザインする（頑張りますが、プロではないのでデザインのクオリティは保証できません）
3　既存の幻冬舎のウェブメディアのデザインを一部突貫で改修してそのサイトの中にキャンペーンサイトを作る（ただしそうすると独立性がない）

さらに佐藤さんに、「今すぐサイトを公開するなら2か3の案で対応できます。

24時間待てるならB社で製作できます。どうされますか?」と付け加えました。結果、佐藤さんの判断でB社に依頼することに。翌日、そのサイトは無事、24時間で公開することができました。これを受けて佐藤さんは「幻冬舎はフットワークが半端ない、通常の出版社の5倍は動きが速い」とツイートしてくれています。

このように、**あらゆる選択肢を精査して広げ人に提示することで、畳み人は広げ人のアイデアの熱を冷ますことなく、実行できるようになります。**

日々の些細な仕事でも、できるだけ選択肢を多く想定する努力を重ねること。さらにいざという時に信頼できる取引先との関係性をコツコツ積み上げておくこと。これらを意識して、ドラえもんのように、広げ人にとって頼りにされる存在を目指しましょう。

常にクロスカウンターを狙え

この章の最後に、畳み人としての面白味を一つ紹介します。

実は僕はこの楽しさがやめられず、今でも畳み人を続けています。この項目の見出しの「常にクロスカウンターを狙え」はあくまでたとえで、**畳み人をしていると、たまにクロスカウンターが決まった時のような痛快な瞬間があるのです。**クロスカウンターというのはその痛快さのニュアンスを伝えたくて使っているだけなので、実際に畳み人と相対してパンチを入れるような意味合いではありません。

広げ人が出したアイデアを実行させながらも、次第に畳み人がそのアイデアをコントロールしていくことを意味します。広げ人の作った料理にあなたのスパイスを加えてアレンジができると言ってもいいでしょう。

くり返しになりますが、広げ人には目印となる大きな旗を立てる役割があります。そしてその旗までの道を綺麗に舗装して皆がたどり着けるように整えるのが、畳み人の仕事です。

これまで書いてきた通り、畳み人は広げ人の一番近い立場で、プロジェクトのリスクを管理し、チームを作り動かし、道を作っていきます。だからこそ、そのプロジェクトを一番熟知している存在になるのです。**プロジェクト全体を動かしている**と言っても過言ではありません。

また畳み人は広げ人の大きな信頼を得ています。プロジェクトが大きくなっていくにつれて、その信頼はさらに強固なものになります。

広げ人と畳み人は、役職などの立場の差はあれど、プロジェクトを動かすうえで、基本的には対等であるべきだと思っています。アイデアを出す役割の広げ人、それを着実に実行する役割の畳み人。それが始まりですが、プロジェクトが進むにつれて、広げ人は必ず畳み人に意見やアイデアも求めてくるようになります。

やがて畳み人の**アイデアが採用され、それが後々そのプロジェクトの肝となる意思決定になることもある**のです。

55ページで紹介した「NewsPicksアカデミア」は、当初、NewsPicksと幻冬舎との協業プロジェクトとして始まりました。そしてこの大風呂敷を広げたのは箕輪くんとNewsPicksの佐々木さんで、そのアイデアを実行に移すために、NewsPicksの野村さんと僕がチームに召集されました。「NewsPicksアカデミア」の初期の企画は、この4人で詳細を固めていくことになったのです。

当初はとにかく、他の経済メディアや出版社が実現できないサービスを作ろうという目標を掲げて議論していました。

佐々木さんの企画では、NewsPicksの月額１５００円のコンテンツを見放題にし、さらに当時５０００円で実施していたイベントチケットと、その月のテーマに沿った電子書籍もセットにして月額５０００円のサービスにする構想がありました。

それでも十分にメリットのある企画だったと思います。そして僕は、それらをセットにした時のスキームとそれにかかるコストの試算をしながら、ふと思いました。広げ人２人は、とにかく他の経済メディアや出版社が真似できないことをしたいと言っていたなと。


その時僕は同時並行で、ある大物作家から、オンラインサロンを作れないかという相談を受けていました。その作家は比較的年配の読者を多く抱えておられました。僕はそこで「年配の読者が多いのであれば、流行りのオンラインサロンというコミュニティにこだわらず、いっそそのことやり取りを全部手紙にするオフラインサロンを始めたほうがいいんじゃないですか」と提案したのです。

その時、僕の中で二つのアイデアがつながりました。

NewsPicksと幻冬舎の協業プロジェクトで、他の出版社ができないことはなんだろうかと。「そうだ、有料会員になったお客さんの家に、いきなり電子書籍ではなく紙の本が届いたらインパクトもあるし、正直手間もコストも電子書籍より何倍もかかるから、他の出版社はそうそう真似できないんじゃないだろうか」と。

僕は早速そのアイデアを会議中に口に出しました。そうすると佐々木さんも箕輪くんも「それ面白い。絶対真似できない」と賛同してくれました。

結局僕のアイデアは採用されることとなり、「NewsPicksアカデミア」は1500円の有料記事とイベントと、紙の書籍がセットになって月額5000円というプランでスタートすることになったのです。僕のアイデアが採用された時、僕はまるでクロスカウンターが綺麗に決まった時のような快感を覚えました。

ちなみにこのアイデアは実際、他社が実現できないプランでした。紙の本をセットにすると原価を圧迫しますし、倉庫での書籍在庫管理や配送の手間、コストもかかります。そんな中、詳細は割愛しますが、僕と野村さんで関係各所に交渉し、できるだけコストダウンできるスキームを組み立てて、なんとか実現させることができました。

このように、アイデアを生み出し目標を掲げるのは広げ人の仕事です。しかし広げ人の目標や考えを熟知した畳み人だからこそ、そのアイデアにさらなる付加価値をつけることもできるのです。

そしてプロジェクトを実行していくことで、場合によっては**広げ人をコントロールできる状況になる**こともあります。畳み人はプロジェクト実行の要です。そのプロジェクトに**どんどん自分のアイデアを入れ込んでいくこともできるようになる**のです。

畳み人は、いわば、広げ人が掘り当てた宝石の原石を、綺麗に整形して何十倍にも価値を大きくすることができる仕事です。ぜひともあなたも優秀な広げ人とプロジェクトを動かしながら、この畳み人の快感を味わってみてください。

コラム

こうして僕は「畳み人」になった2

転機となった「13歳のハローワーク」公式サイト

マイナビで営業を続けていた僕は、ある時、幻冬舎という会社を見つけ狙いを定めました。幻冬舎は昔からセンセーショナルなベストセラーを連発し、社長もテレビに出ているような有名企業で、「この会社に営業をかけたい」と考えたのです。そして何度も幻冬舎に電話をし、アポイントを取ろうとしました。しかし、何度かけても取り合ってもらえません。幻冬舎のリサーチをしながら「どう攻略していこうか」と考える日々が続く中、ある日コーポレートサイトを見ていると、営業職の求人情報が出てきたのです。

「これはチャンスだ」と思いました。別に転職をしようというわけではなく、「アポイントを取るチャンスだ」と考えたのです。幻冬舎の採用面接を受ければ、担当

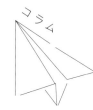

者に会えるはず。合否に関係なく、担当者の名前を覚えておけば、後から採用広告の営業をすることができる、というわけです。

そこで僕は履歴書を急いで書き、幻冬舎に応募しました。もともと出版志望だったこともあり、志望動機なども問題なく書くことができました。そして採用試験へと進んでいくうちに、なんと内定をもらってしまったのです。

僕は戸惑いました。最初のきっかけは単なる営業のためだったからです。しかし、採用面接を通して魅力的な社員たちに会っていくうちに、「実際に幻冬舎に転職してもいいいかもしれない」と思うようになってきたのです。

本当に迷いました。マイナビでの営業の仕事が本当に楽しかったからです。さらに、幻冬舎から提示された給与は年収が100万円以上低く、「正社員ではなく、契約社員での雇用」という条件です。

マイナビに入社して3年目の秋、迷いに迷った結果、僕は幻冬舎に転職する道を選びました。

大学生の頃の僕だと「給与が安い」「契約社員は嫌だ」という理由で転職していなかったかもしれません。しかし、マイナビでの営業の仕事を通じて、僕は様々な〝企業のビジネスモデル〟に興味を持つようになっていました。企業には人材が必要なので採用広告にお金を使い、そのお金をもらって採用を手伝うというマイナビのビジネスはとてもシンプルなものでした。

一方で幻冬舎のような出版社は、採用広告のように何か明確な需要があるわけでもない中、読者に向けて、小説のようなコンテンツを売ってビジネスにしているわけです。

「出版のビジネスの構造はどうなっているんだろう？」と、僕は強い興味を持っていました。今まで明確な需要のあるものを売っていた僕にとって、出版は想像できない〝新しいビジネス〟だったのです。「そのビジネスを知ってみたい」と強く思い、条件が悪くなっても構わずに転職を決断しました。

幻冬舎に営業職で採用してもらった僕は、書店営業の部署に配属されました。多くの上司や先輩に恵まれ、とても丁寧に仕事を教えてもらった僕は「売上をどんどん上げてやるぞ！」と息巻いていました。マイナビ時代の営業の実績もあるため、すぐに貢献できるだろうと高をくくっていたのです。しかし、同じ営業職といっても、それまでの営業の仕事と書店営業の仕事が全く違うものだということに徐々に気がつきました。

マイナビの営業は新規開拓がメイン。売上予算も個人に割り振られ、その成果が評価につながりました。一方で当時の幻冬舎の書店営業は〝ルートセールス〟です。部署やチームには一定の予算はあったものの、どちらかと言えばチームで営業をするようなスタイルでした。扱う商品の仕組みも違います。今までの商材は売れば売れるほど利益につながる広告媒体ですが、本は適正配本といって、売れる分だけ印刷し、そこから書店販売分のみを配本して売上を上げていく商品です。「委託販売制度」という仕組みから返品もできるため、「何がなんでも数を多く売ればいい」というものでもありませんでした。

最初はこういう営業の仕事もあるんだなと、前向きにその仕事に取り組んでいきました。ただ評価が曖昧であるという点が不安でした。それまでの営業では自分の成果が明確に数値化され、それに応じて給与をもらえていました。一方、幻冬舎の書店営業の仕事はその部分が見え難かった。だから僕は、幻冬舎に入社してからずっと焦っていました。それはやはり年収が大きく下がったことと正社員でなかったということが大きかったです。早く給与を以前の水準に戻したいし、何より正社員になりたいと思っていました。でも、数ヶ月過ごしてみて思ったのです。「この構造の中で、普通に仕事をしているだけでは評価されないのではないか」と。

そこで僕は、明確に自分が評価されるような仕事はないだろうかと探しました。そうした中で着目したのが「デジタル化」です。僕がいたマイナビは元々ネットサービスを提供している会社でもあり、社内環境のデジタル化が進んでいました。しかし、当時の幻冬舎のビジネスは紙の書籍を販売するのがメインで、デジタル化の部分は非常に遅れているように見受けられました。

たとえば社内の情報共有や会議室の予約、給与明細など、まだまだ紙を使ったアナログの仕組みが多くあり、マイナビから転職してきた僕は不便さを感じていました。「幻冬舎もイントラネットで情報共有ができれば便利なのに……」と思っていたものの、入社して間もない契約社員には、大規模にイントラネットを構築するような予算も取れませんでした。

ある時、幻冬舎にもきちんとしたサーバールームがあることに気がつきました。総務のスタッフに、サーバールームで何をどう使っているのか聞いてみると、メールサーバーとファイル共有サーバーとして使っているとのこと。さらに突っ込んで聞くと、そのサーバーの中にウェブサーバーとして使える機材があることもわかりました。それを知った僕は、総務のスタッフからそのサーバーを設置している外注先を紹介してもらい、その会社に、空いているサーバーもウェブサーバーとして使えるようにするソフトをインストールしてもらうことにしました。幸いなことにその外注先は、保守の範囲で気軽に対応してくれました。

僕は、イントラネットとして皆が情報を書き込めたりファイルをダウンロードできたりする簡単なウェブサイトを作っていきました。この時、マイナビ時代に副業で行っていたウェブデザインなどのスキルが役に立ちました。非常に簡単なサイトではありましたが、わからない部分はプログラムの本を読み漁りながら、勤務時間外に会社に残ってそのサイトを一生懸命作ったのです。

そのプログラムをイントラネットに設置してから、恐る恐る当時の営業部長に「こんなの作ってみたんですけど、よかったらうちの部署だけでも使いませんか？」と提案しました。それを見た営業部長は目を丸くして「いいね！　使おう、使おう！」と言ってくれました。そして実際に部署内でスケジュール管理や書籍のパブリシティ情報の共有用に使ってもらえることになったのです。

それからしばらくすると「なんだか営業部にめちゃくちゃネットに詳しい奴が転職してきたらしい」と社内でも噂されるようになっていきました。正直、僕のＩＴリテラシーは一般的に見れば大したことはなかったと思いますが、自主的にイントトラネットにサイトを作ったことで、いい意味で過大評価をしてもらえたわけです。

その噂を聞きつけた総務部から、今度は「会社のコーポレートサイトをどうにかできないか」と相談を受けて、リニューアルを担当することになりました。

そして、次第に社内で「設楽はインターネットに詳しい」と思ってもらえるようになりました。僕は、皆が思うほど自分にスキルがないことも自覚していました。でも、その部分を評価してもらえていることもわかっていたので、毎日のように技術書を読みながら勉強をし、なんとか皆のイメージに近づこうと必死にもがいていました。


2000年初頭は、インターネットが多くの企業に浸透していった時代です。紙の書籍を作って取次会社に流通してもらって書籍を本屋さんで売る、そういったレガシーモデルの出版業界にもインターネットの波は押し寄せていました。「設楽がインターネットに詳しい」という、僕からすれば過大評価のイメージはそれからも社内で広がっていきました。そしてそれは幻冬舎の役員や見城社長にも伝わっていったのです。

次に僕のところに舞い込んできたのは、石原正康専務からの「ベストセラー書籍をウェブサービス化する」という仕事の相談でした。

当時村上龍《むらかみりゅう》さんの『13歳のハローワーク』という書籍がベストセラーになっており、石原専務が様々なコンテンツの多面展開を仕掛けていこうとしていました。村上龍さんや吉本《よしもと》ばななさんなどの著名作家を担当する編集者でもあった石原専務とシステム会社との間で、すでにサイトの構想はできあがっていました。そのうえで「設楽がインターネットに詳しい」という評判を聞きつけ、そのチームに僕を加えてくれたのです。

そのプロジェクトには、「本をただウェブ版として見せるだけでは面白くない。本を読んでくれた人たちが、本以上の体験をしたり価値を得られたりできないだろうか」という大きな構想がありました。それはこの本を作った編集者でもある石原専務が広げた〝大風呂敷〟です。今振り返ると、この案件が僕にとって明確に「畳み人」としての仕事を根付かせたきっかけかもしれません。石原専務は当時、とくにインターネットに詳しかったわけではありません。でも、実現したいビジョンが大きく、そして魅力的でした。「こういうことができたら面白いよね」と、打ち合わせをするたびに、次から次へと新しいアイデアが出ていたのです。

僕はそれに振り回されながらも、なんとかしがみついていきました。システム会社と石原専務の間に入り、できるだけそのビジョンの熱量を下げないようにプロジェクトを実行していくことを心がけました。システム会社が「そこは難しい」と言っても、「いえ、このプログラムを使えばできるのではないか」などと切り返し、できる限り石原専務の理想に近づけるように努めたのです。

苦労の末、2005年に「13歳のハローワーク公式サイト」は公開されました。そのサイトでは書籍の内容が全て無料で読めるのはもちろんのこと、その仕事に興味を持った中高生が質問でき、サイトに登録している大人が回答できる、というS

NSのような仕組みも作りました。

今でこそコンテンツを無料でウェブ公開することは常套《じょうとう》手段で、SNSを連携させるのも当たり前の仕組みですが、2005年当時に出版物をインターネット化するサービスというのは、色々な面で画期的なものだったと思います。そしてこのサービスは、公開して一年で大きなスポンサーをつけることにも成功しました。


実は、そのスポンサーになってくれたのがマイナビでした。

僕はこのプロジェクトに携わりながら、「これは採用ビジネスをやっている企業にとって魅力的なコンテンツになるに違いない」と確信していました。僕がマイナビにいた頃から採用ビジネスにとっての一つの課題は「いかに早い段階でユーザーを囲い込めるか」でした。たとえば就職活動を始める時期になれば、多くの学生が就職サイトを利用します。それは本当に当たり前のことで、「じゃあ、それよりも早くから就職サイトを認知してもらうにはどうすればいいか」という点で各社が悪戦苦闘していたのです。

「13歳のハローワーク公式サイト」は中高生がメインのユーザーで、さらに大学生にも使われていました。そのサイトデータを見ていて、就職情報ビジネスが抱える課題解決の一つになると思ったのです。

僕は自分がかつて所属していた部署の先輩に連絡をし、責任者につないでもらいました。そしてその責任者にスポンサーの提案をしたのです。するとメリットを感じていただき、スポンサーとしてサイトを支えていただくことになったというわけです。

この「13歳のハローワーク公式サイト」のプロジェクト以降、石原専務のもとに舞い込むインターネット系のプロジェクトを、僕が「畳み人」として手伝う機会が増えていきました。

また、それまでのインターネットプロジェクトを見ていた見城社長からも、直接声をかけてもらえるようになっていったのです。

【第3章】

畳《たた》み人《にん》の
チームビルドと
マネジメント術

畳み人は広げ人の最も近い存在としてそのプロジェクトを実行に移していく立場にあります。そのため、プロジェクト実行のためのチームを組成し、マネジメントしていくことになります。広げ人と実行チームの間に立ち、指揮を執っていくのが畳み人の大きな役割です。

この章ではチームの作り方、集まったメンバーのパフォーマンスを上げるマネジメントなどについて紹介していきます。

仲間を集める時は、スペックより「伸びしろ」を最優先に考えよ

プロジェクトチームを作るうえで大切なのは、何より「人」です。人を集める段階では、できるだけプロジェクトの内容に共感してくれる仲間を集めましょう。スキルも大事ですが、それ以前に、この**「共感」があるかどうかがプロジェクトの成否を左右します**。人は心の底から実現したいと思ったことは、できるまで努力します。その原動力となるのが、**「共感」**や**「やる気」**なのです。

大切なことなのでくり返しますが、広げ人のアイデアの実行には多くの難題が潜

んでいます。トラブルも起こります。そのトラブルをできるだけ排除し、ゴールまでの道をできるだけスムーズに舗装するのが畳み人の仕事です。

ただどんなにきれいな道を作っても、タイヤの摩擦《まさつ》がゼロになるような道は作れません。細部まで注意を払っても、必ずトラブルは発生します。それを一緒に乗り越えてくれるのがメンバーであり、チームです。そのため最初の段階で、広げ人のアイデアや思いに共感できるかどうかが大事になってくるのです。

とくにちょっとしたことで士気を下げることなく、最後までプロジェクトに責任を持ってついてきてくれる仲間は貴重です。

そのため僕がチームを作る時は、まずスキルよりもこの「やる気」を重視します。多少スキルが足りなくても、やる気さえあればスキルも上がっていくはずだからです。現時点でのスペックではなく、**将来の伸びしろを評価する**イメージです。

社内のリソースが限られている場合は、理想どおりにチームメンバーを集められないこともあるはずです。そんな時は、それぞれのメンバーに合わせたケアが必要なのです。詳しくは次項で説明します。

チームメンバーの働く目的を理解せよ

チームを作ったら、何よりもまず、**それぞれのメンバーが今いる職場で働く目的を理解しておくことが大切**です。

人が働く目的は様々です。一人ひとりと面談をしてヒアリングし、**それぞれのメンバーが働く目的と、会社やプロジェクトの目的と方向性が重なる部分はないか、じっくり考えます**。

僕が運営している「あたらしい経済」の編集部で、女子大学生をアルバイトで採用したことがあります。

彼女は当初、ブロックチェーンに一切興味がなかったため、将来の夢を聞きました。すると「ファッションやコスメ系のインフルエンサーになりたい」と、日頃からSNSなどでも発信を続けているとのことでした。

これを受けて僕は、「ブロックチェーンの業界は他の業界に比べてまだまだインフルエンサーが少ない。だからブロックチェーンの知識があると、きっと将来、あなたの活動にメリットになる。ジャンルは違っても、メディアで働くと文章表現のトレーニングにもなるから、発信するうえで参考になると思う」と伝えました。彼女はその後、頑張ってブロックチェーンについて勉強し、仕事を始めて1年近くたった今も編集部を支えてくれています。

このように、メンバーそれぞれの働く目的を理解したうえで、その目的をチーム全体の目的とつなげることは、チームマネジメントで大切なことです。出世に興味のあるメンバーに出世の魅力をうたうと響くように、**今の仕事が本人の望む目的につながる可能性を示してあげる**ことが賢明でしょう。

100%のチームはできないことを自覚せよ

チームを目指すべき方向に動かそうとすると目の前に立ちはだかるのが、「理想像」です。

誰もが「こんなチームを作りたい」という理想を持っているものです。しかし、チーム作りでは、**あなたの理想を100%実現することは不可能だと思っておいたほうがいい**です。

運よくあなたが理想とするドリームチームができたとしても、そのチームが必ず勝てるわけではありません。

陸上のリレーを思い浮かべてください。個人走のタイムの合計が一番速いチームが、必ず1位をとれるでしょうか？　そうではありませんよね。リレーでは、それぞれの選手の足の速さに加え、バトンをどれだけ効率的に渡すかや、どういう走順にするかということが勝利を大きく左右します。

理想にこだわり続けると、メンバー一人ひとりのパフォーマンスが気になり始めます。とくにパフォーマンスの悪いメンバーには苛立ちやすくなります。もちろんすぐにメンバーチェンジできればいいのですが、そう簡単なものではありません。チームで成果を出そうと思ったら、「100%のチームを作る」という理想を捨て、**「100%に近いチームを作る」**に変えましょう。現時点で80%の力しかなくても、今いるメンバーでどうやって100%のチームと同じパフォーマンスを出すか、メンバーのポジショニングや仕組みの改善などを検討するのです。

チームのパフォーマンスを上げることは、大きなプロジェクトを任されるようになった畳み人にとって、大きな壁の一つです。

僕も畳み人として扱うプロジェクトが大きくなればなるほど、関わるチームのメンバー数も多くなり、そのチームのパフォーマンスをどう上げるか、悩んでいました。その悩みを少しでも解消したくて、以前はよくある〝禁じ手〟を使っていました。


20代の頃に任されたあるプロジェクトは、僕が経験したことのない規模のもので、どうしても成功させたいという思いが強いものでした。チームメンバーも、一定のスキルを持っている面子揃いでした。

ところが実際にプロジェクトをスタートさせると、些細なミスが多発しました。やがて僕は、同じミスが起こらないようにするための事前チェックに多くの時間を費やすようになりました。

そして思ったのです。チェックに時間をかけるぐらいなら、メンバーに仕事を頼まず、自分で全てやってしまったほうが速いと。

当時のチームメンバーの中でキャリア年数が最も長かったのは、プロジェクトリーダーである僕でした。その僕がチームの中でパフォーマンスの高い仕事ができるのは当然です。当時どうしてもそのプロジェクトを成功させたかった僕は、結局多くの仕事を自分で行うようになりました。

チームメンバーは定時で上がるのに、僕は毎晩深夜に帰宅。それでもクオリティを上げたくて、僕は差し障《さわ》りのない仕事しかメンバーに振らず、多くの仕事を自分で抱え込んでいたのです。

結果的にそのプロジェクトは、畳み人が不在になってしまいました。プロジェクト全体を見て指揮をしなければいけない僕が、目の前の仕事をひたすら処理することしかできなくなったからです。

やがて僕はパンクしました。そのプロジェクトは一定の成果は挙げたものの、長続きしませんでした。僕が重要な仕事を全て抱え込んでしまったことで、チームメンバーの成長の機会も奪ってしまっていたのです。

このようなことは、比較的畳み人に向いている几帳面な人や完璧主義の人にとくに起こりやすい問題です。「プロジェクトを成功させたい」「仕事のクオリティを落としたくない」という気持ちは本当にわかります。でも身を削って無理やり100%を求めると、それこそ100%破綻します。

畳み人は自ら手を動かすのではなく、現在のメンバーでいかにクオリティの高い仕事をできるようにするか、その仕組みづくりやマネジメントに注力すべきです。そして100%のチームを作ろうとするのではなく、**今のチームで最大限のパフォーマンスを上げることを目標にすることが大切**です。

理想とするクオリティを下げてでも、チームメンバーに仕事を任せていきましょう。どんなメンバーでもある程度の経験を積めば、仕事のクオリティは上がっていきます。その積み重ねがチームを強くし、結果的にチームのパフォーマンスを上げることにつながるのです。

広げ人の熱量の伝道師であり、翻訳者であれ

チームを動かす時、畳み人はどう振る舞うべきでしょうか。畳み人はそのプロジェクトリーダーである広げ人が持つ熱量の伝道師になるべきです。

一方、現場でプロジェクトを実行するチームメンバーは、畳み人ほど広げ人と接する機会はありません。広げ人も、チームメンバーを見ないわけではないですが、チームの末端にまで気を配る余裕はありません。広げ人は熱量を持ってそのプロジェクトのゴールの旗をチームメンバー全員が見えるように掲げますが、日々チームメンバーを鼓舞することに多くの時間をかけてはいられないのです。

だからこそ畳み人は、**広げ人に代わってチームメンバーとコミュニケーションを取り、その熱量をチーム全体に伝え続けましょう**。

ただし広げ人の言ったことを言葉でそのまま伝えるだけでは不十分です。できればその広げ人の熱量を冷まさず伝えるようにしましょう。広げ人が興奮して話していたのであれば、あなたも同様に興奮して伝えましょう。場合によっては広げ人より興奮していいかもしれません。

少し昔の話ですが、サッカー日本代表の監督がフィリップ・トルシエ氏の頃、通訳のフローラン・ダバディ氏が話題になりましたよね。彼は試合中のトルシエ監督の指示を、監督よりもオーバーアクションで選手に伝え、チームを鼓舞していました。彼のような大袈裟な態度も時には参考にしてもいいかもしれません。

また熱量だけでなく、畳み人は全てのメンバーに、現場がより具体的なアクションを取れるような指示も付加すべきです。

広げ人のビジョンには時に大きく、抽象的なものもあります。それを**チームで働く各メンバーの仕事に具体的に当てはめて伝える**のです。業務の進め方や使うツールなどを日々の作業レベルに当てはめて指示しましょう。

そうやってプロジェクトをチームで進めていく過程で、「広げ人の◯◯さんならこう考えるはずだ」「そのビジョンの実現に自分の仕事は貢献できているんだ」というふうに、チームメンバーが想像しながら業務を進められるようになるのが理想です。

現場の一番の理解者になれ

畳み人は広げ人の一番の理解者として、その熱量を翻訳してチームメンバーに伝える立場ですが、その一方で、**チームメンバーのよき理解者になることも大切**です。そのうえで畳み人は、チームの各メンバーの仕事状況やコンディションを把握しつつ、必要に応じてメンバーの意見を広げ人に伝える立場でもあるのです。

畳み人が広げ人に意識を向けすぎてしまうと、チームメンバーとの間に距離が空いてしまいがちです。そうなると、トラブルが起こった時に厄介です。つい、広げ人側に立って意思決定をしてしまい、メンバーが「（この人は）自分たちの味方ではないんだな」と、距離を感じてしまうからです。これは絶対にやってはいけないことです。あくまで**畳み人はチームにおいて、極めて中立な立場を取るべきなの**です。

もちろんメンバーのミスでトラブルが起こることもあります。たとえそれが本当にそのメンバーの責任であっても、決して責めてはいけません。メンバーにも言い分があるかもしれません。

もしくはミスをしたのはメンバー自身でも、そもそもミスの起こりやすい仕組みが設計されていたことが原因でトラブルが生じることもあります。だからこそ、どちらかに偏った見方をせず、常に冷静に、ベストなアクションを考えましょう。

畳み人は、広げ人にとっては**「頼れる右腕」**、チームメンバーからは**「よきお兄（お姉）ちゃん」**となるのが理想です。

そうなるためにも、とにかくチームメンバーの声に耳を傾けましょう。定期的に

1対1の機会を作るなどして、コミュニケーションを取ります。メンバーから日々自分のことを見てもらえている、理解してもらえていると思われるようになることが大切です。「社長やチームリーダーにはまだ話していないんですが、相談がありまして」と、**メンバーからなんでも打ち明けてもらえる関係を築くことがベスト**です。

そして必要に応じてメンバーの声を広げ人にも伝えましょう。メンバーから出たプロジェクトにポジティブな影響がありそうな意見や、メンバーの頑張りや成果を積極的に伝えるのです。畳み人の範疇《はんちゅう》で解決できるメンバーのトラブルや悩みについては、詳細を伝える必要はありません。まずはメンバーが働きやすい環境を作っていくことが大切です。

現場判断は畳み人の重要ミッション 決して広げ人への連絡係になるな

プロジェクトの根幹や方針に関わる大きな意思決定はリーダーである広げ人が行うべきですが、とくに**日々の仕事で発生する中小規模の意思決定を行うのは、現場を指揮する畳み人の大事な仕事**です。

前々項で、広げ人の熱量をチームメンバーに伝えるのはもちろん、チームの熱量を広げ人に伝えるのも大事な仕事であるとお伝えしましたが、日々の意思決定に関する「連絡係」になってはいけません。

あなたが広げ人から強い信頼を得ていれば、広げ人にエスカレーションする案件については自己判断してもいいでしょう。ただその判断に不安がある場合は、広げ人と事前にすり合わせをしておきましょう。**どの程度の予算規模や事柄であればあなたが意思決定していいのか、あらかじめ広げ人と合意形成しておく**のです。このすり合わせを事前にしておくかどうかで、その後の仕事のスピードは格段に違ってきます。

畳み人としてチームマネジメントをするうえでやってはいけないのは、この意思決定を全て広げ人に委ねてしまうことです。ただの連絡係に甘んじているようでは、畳み人とは呼べません。広げ人も、**ある程度のことは自分に代わって間違いのない判断をしてくれるからこそ、あなたを畳み人として信頼する**のです。

これまで僕は、畳み人の立場で仕事を行っている多くの上司の下で働いてきました。尊敬する上司もいましたが、正直に言うと、残念な上司もいました。

上司の評価ポイントは人によりそれぞれかもしれませんが、僕がいい上司かどうかを見極めるポイントは**「きちんと意思決定をしてくれるかどうか」**です。とくに相談した内容をその場で切り分け、自身で判断できるものはすぐに意思決定してくれる上司には頼もしさを感じます。

一方、小さなことでも毎回「大丈夫だと思うけど◯◯さんに念のため確認するね」という上司は、厳しいようですが、「なんのためにいるんだろう」と思います。プロジェクトの指揮官である畳み人が自ら意思決定できなければ、チームは機能せず、崩壊します。また広げ人の立場から見ても、このような連絡係の役割しか果たさない畳み人は、仕事を増やすだけの存在でしかありません。

畳み人は決断するのも重要な仕事です。広げ人にとってもチームメンバーにとっても、ただの連絡役ではない、頼れる意思決定者になりましょう。

Doと言うのが広げ人、Howを伝えるのが畳み人

意思決定を行うことを意識すると、畳み人は日々、色々な判断に迫られる機会が多いことに気がつくと思います。

とくにリーダーである広げ人の提示する目標や仕事の指示は、ざっくりとしたものであることが多いもの。アイデアの意図はわかっていても、それを実行するとなると、どうすればいいのか、メンバーは判断できません。

とくに、広げ人が優秀であればあるほど、その目標値や指示する内容の難易度は高くなります。聞いた時には「実現が難しそう」と思われるかもしれませんが、高

い目標値や内容が示された時ほど、広げ人がチームを強く牽引し、今までにない結果を導き出すチャンスと言えます。

そんな時こそ、畳み人の出番です。畳み人は、**どのようにして（Ｈｏｗ）広げ人の掲げた目標や指示を達成するかを考え、メンバーに伝えましょう。**この瞬間は、まさに畳み人の腕が試される時です。

畳み人が具体的に仕事の進め方を指示することによって、プロジェクトメンバーは各自の仕事をスムーズに進めることができます。

もちろん、日々の細かい業務についてもどのようにすべきか（Ｈｏｗ）、メンバーに伝えることも大切です。事務仕事でも、どんなプロセスを踏むかで効率は大きく変わってきます。とくに最初は各メンバーに、仕事のやり方を丁寧にレクチャーしましょう。この時間が、後に効率を高めます。

なお、畳み人自身経験したことのある仕事や、似たような仕事の経験があれば必要はありませんが、全く経験がなく、どのようにすればいいか見当もつかない場合は、畳み人自らが実践してみることが欠かせません。

とくに事務仕事は、一度経験してみないと、どの程度の労力や時間が必要なのかがわかりません。メンバーにどの程度の負荷がかかるのかを把握する意味でも、自ら経験しておくことは大切です。

一度その作業を経験し、理解できたら、次はその**内容をマニュアル化すること**をおすすめします。もちろん簡単な作業であれば口頭で説明したり、その場で実行しながら説明するだけでも十分でしょう。ただ僕は、できるだけマニュアルという形で残すようにしています。それは経験上、**口頭で伝えたノウハウは思った以上に正確に再現されないことが多い**からです。正直なところ、人の記憶力など曖昧ですし、残念ですがメンバーがきちんと話を聞いていない、もしくは理解できていない可能性もあります。さらにそのメンバーが辞めてしまい、再度その説明が必要になることも起こりえます。指示通りにできているか何度も確認したり、新たなメンバーにその都度説明したりする時間的な余裕があればいいですが、おそらくないでしょう。たとえあったとしてもそれは無駄な時間です。

マニュアルは、動画で作成することをおすすめします。**ふだん使っているパソコンで作業する様子を、口頭で説明しながらスマホで撮影するだけで十分**です。その動画を編集などして凝ったものにする必要はありません。

なぜ動画をすすめるのかと言えば、マニュアル作成に時間を取られてしまうという落とし穴があるからです。テキストで精度の高いマニュアルを作ろうとすると結構時間がかかりますが、口頭で説明する動画だと作成するのに手間はかかりません。受け取る側も、テキストのマニュアルを読み返すよりも面倒を感じず、さらに情報量が多いため、理解度が高くなります。

だから僕は、誰か一人のメンバーに説明をする時に、その様子を動画で撮影してマニュアル化するようにしています。そしてそれをメンバーと共有し、「この作業をする時にわからなくなったら見直してね」と伝えています。

畳み人はメンバーに最適なＨｏｗを教える仕事です。ぜひあなたなりの工夫を加えてチームの効率を上げましょう。

リスクの芽を事前に摘み取れ

畳み人に必要な気質があるとしたら、**「リスクに敏感であること」**です。心配性ぐらいがちょうどいいです。

小さなものから大きなものまで、**リスク全体を把握するのが畳み人の役割**です。前章で書いたように、広げ人に対しては最大のリスクだけを伝えますが、畳み人は起こりうる全てのリスクをできるだけ細かく把握しておく必要があります。もちろん、どれだけアンテナを張っていても、プロジェクトを進めていけば、リスクの芽がどんどん出てきます。そのため、十分な準備をしておいて損することはありません。プロジェクトを動かす際にチームメンバーとコミュニケーションを重ねて、**あらゆる「もしかすると」を想定しましょう。**

トラブルの原因になりやすいことは、大きく分けて2つあります。

一つは、コミュニケーションに関することです。折に触れてコミュニケーションを取り、作業に誤解や間違いが生まれていないかを確認しましょう。ただコミュニケーションから起こるトラブルを、当事者でない人間が見つけるのは至難の業です。多くはメンバーの業務報告の内容から類推するしかありません。

ポイントは、**〝ちょっとした違和感〟を重視すること**です。メンバーから報告を受けた時に「報告の一部が少し曖昧だったな」「双方の言っていることがちょっと違うな」などと少しでも思ったら、入念にヒアリングをしましょう。

コミュニケーションロスはちょっとしたボタンのかけ違いから発生します。現場で働く者同士では気付きづらいこともあります。だからこそ、畳み人の出番です。**全体を俯瞰して「ちょっとした違和感」はないかを探り、コミュニケーションのズ**

レを察知しましょう。そして、そこからリスクの要因となりそうなものを事前に摘み取ります。

もう一つは、ヒューマンエラー、いわゆる「ケアレスミス」です。完全に防ぐことは難しくても、起こりにくい仕組みを作っておくことは可能です。**チェック機能やバックアップ、もしくは代替するような仕組みを考えておきましょう**。

たとえば、自分が直面したことのあるトラブルについてきちんと記録しておくことです。多くのプロジェクトを実行していくと、仕事や事業内容は違っても、トラブルが起こるポイントが似通っていることに気がつきます。ヒューマンエラーやケアレスミスの起きるポイントは類似しているのです。

細かな仕事でも自分がミスをしてしまったら、それはどういう状況で発生して、何が原因で起こったかを、簡単でいいので記録しておくことが大切です。

その積み重ねが、あなたのアンテナの精度を上げ、**「ここで事故が起きそうだ」と気付けるようになる**のです。

いくらノウハウを仕入れても、経験に勝るものはありません。ひたすら数をこなすしかない部分です。そう考えると、どんな仕事も、後々必ず役に立つことがわかります。

だから僕は正直やりたくない仕事だとしても、**「将来別のやりたい仕事をする時に役立つかもしれないな」と思って前向きに取り組む**ようにしています。実際、新人の頃やっていたことが、今になって役立っていることも多々あります。

畳み人は全てのリスクを想定し、できるだけそれが起こらないように準備をすること。そして、トラブルが起こった場合は記録して、次のトラブルに備えること。小さなステップを積み重ねることで、リスクの芽を少しずつ摘んでいけるようにしましょう。

成功はチームメンバーの手柄、失敗は自分の責任

この章の最後に、チームマネジメントをするうえで僕が大切にしている心構えを紹介します。それは**「成功はチームメンバーの手柄、失敗は自分の責任」**ということを常に忘れないようにすることです。

くり返しになりますが、僕はこれまで色々な上司と仕事を行ってきました。中にはチームメンバーの手柄を横取りしてしまう人もいました。居酒屋で上司の悪口大会を行うとすると、毎回上位にランクインする話題ではないでしょうか。

僕も若い頃、上司に同じようなことをされ、本当に悔しい思いをしました。**メンバーの手柄を上司が自分のものにすることは、チームで働くビジネスパーソンとして絶対にやってはいけない禁じ手**です。もちろん、畳み人としてもご法度です。

120ページで僕は、いい上司かどうかを見極めるポイントは「きちんと意思決定をしてくれるかどうか」とお伝えしました。もう一つ大きなポイントがあるとしたら、その上司が**部下の信頼を獲得できているかどうか**です。

もちろん、数字などの成果も大切ですが、チーム内に信頼関係がなければ、中長期的に見ても成果を継続することは難しいでしょう。

部下の手柄を自分の手柄にするような人は、おそらく短期的な成果や自分の評価を得ることに必死なのだと思います。そして残念なことに、そういった上司ほど、トラブルが起こったり失敗したりした時は、現場のメンバーのせいにする傾向が強いように思います。とくに社長や取締役など、多くのマネジメント職を評価する立場にある人は必ずこの点を見ています。

誤解していただきたくないのですが、僕は別に評価をほしがるなと言っているわけではありません。働いていれば誰もが評価されたくなるのは当然です。周りは**正しいスタンスを持って働く人の頑張りを評価してくれるはず**です。実際、僕も今まで「成功はチームメンバーの手柄、失敗は自分の責任」というスタンスで働いてきましたが、相応に評価されてきたという認識があります。

逆に、そのような意識で働くマネジメント職を評価できない人が経営者を務める会社は、長くは続かないと思います。

自分が会社から正当な評価を得るためにも、「成功はチームメンバーの手柄、失敗は自分の責任」という心構えで、日々の仕事に取り組みましょう。

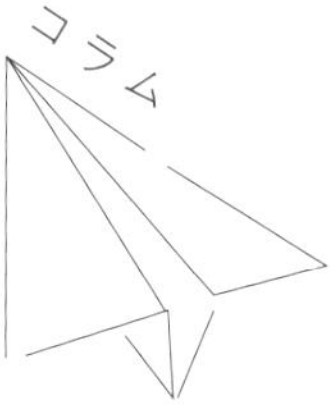

こうして僕は「畳み人」になった3

思いもよらず編集者になる、そして新部署の設立へ——

２０００年代後半、幻冬舎の見城社長の交友関係はインターネット業界にどんどん広がっていました。月に何度も見城社長のところに「インターネットで何かご一緒したい」と有名なＩＴ社長たちが押し寄せていました。その度に見城社長から、「設楽、俺はインターネットのことはよくわからないから、一緒に話を聞いて」と声を掛けられ、僕を同席させてくれるようになりました。

その時、有名なＩＴ社長たちのプレゼンを聞くことができたのは本当に勉強になりました。僕にとってその経験は大切な財産となっています。

社内で部署を越えてインターネット関係の仕事を行っているうちに、営業部の上司も、インターネット系の仕事を僕に担当させてくれるようになりました。ライブドアと幻冬舎のグループ会社で「ライブドアパブリッシング」という合弁会社ができた時や、サイバーエージェントと「アメーバブックス」という合弁会社ができた時、僕はそれらのプロジェクトマネジメントと営業ソリューションの部分を担当させてもらいました。

IT企業との協業は、服装も働き方もカルチャーも違うので非常に面白くて刺激的でした。あまりにもカルチャーが違うために、立ち上げ当初の現場では、様々なトラブルや認識の齟齬《そご》が生じました。それを一つひとつ調整しながらプロジェクトを進めていくうちに、畳み人として必要な「チームを動かすスキル」も身についていったと思います。

不思議なのは、僕が学生時代からやりたかった仕事である編集の仕事も、この頃から思いもよらず、やらせてもらえるようになったことです。

編集を担当した1冊目は、『新宿日記』というケータイ小説でした。その作品を作ることになったのも突然で、ある日見城社長から電話があり、「今ケータイ小説が売れているから、幻冬舎からも出したい。設楽、インターネットに詳しいから作ってよ」と言われたのです。

僕は呆気《あつけ》にとられました。たしかにインターネットには詳しいかもしれませんが、書籍の編集は経験がありません。「そんな僕でいいんですか？」と見城社長に聞き返したところ、「いいに決まってるじゃないか！　やればいいんだよ、早くたくさん読んでいい作品を探せ！」と言ってもらえて、その作品を担当することになりました。

2冊目のチャンスは、TOKYO　FMの「スクールオブロック！」というラジオ番組との協業企画「10代限定文学新人賞『蒼き賞』」です。実はこの企画は、もともと僕が広げた風呂敷でした。当時その番組が大好きだった僕が、プロデューサーに提案して実現したのです。このラジオ番組は若者から支持を得ていました。この番組が仕掛けた10代限定の音楽コンテストは音楽業界でも話題をさらい、

「GLIM SPANKY」や「ぼくのりりっくのぼうよみ」など、のちに第一線で活躍するアーティストを数多く生み出していました。それを聴いていた僕は、「このイベントの文学版をやりたい」と思い立ち、その番組プロデューサーに「一緒に10代限定の文学賞をしましょう」と提案したのです。

結果的にその賞には数千人にのぼる10代の子たちが応募してくれて、6人の大賞候補者が選ばれました。そのうちの一人の作家に僕も編集担当としてついたのです。

20代後半になるにつれ、僕の仕事の範囲は徐々に広がっていきました。

営業部にいながら、雑誌とインターネットを関連させたプロモーション企画などを編集部と一緒に実施することも増えていきました。見城社長や石原専務ら経営陣発案の新規事業や他の企業との協業プロジェクトにもたくさん関わらせていただけるようになりました。

やがて仕事をする相手先もどんどん大きな有名企業になり、実行するプロジェクトの規模もますます大きくなっていきました。目標が高くなるにつれ責任も重くなり、それらの会社との交渉やプロジェクトの実行はとてもタフなものでした。やがてインターネットの知識だけではなく、経営や法律についての知識も必要になっていきました。僕はプログラムを勉強した時と同じように、必死に自分の知識や経験を仕事に追いつかせました。目の前にある仕事を着実に実行するため、がむしゃらだったと思います。

後から振り返ると、この時に多くの企業や関係会社とタフな交渉をしたことが、のちに僕が「畳み人」としてプロジェクトを実行に移せるようになるためのいい機会になったのです。

そして、僕にとって大きな転機が訪れます。

折しもスティーブ・ジョブズ氏が初代 iPad を発表した時期でした。ジョブズ氏はコンパクトなタブレットを片手に、あらゆるコンテンツの新しい形を世界に示していました。そのタイミングで日本の大手出版社が集まって、「日本電子書籍出版社協会」という社団法人を立ち上げるという新聞報道がなされました。しかし、そこに幻冬舎の名前はなかったのです。

新聞報道を見た石原専務から電話があり、「幻冬舎もきちんと電子書籍をやらなくてはいけないと思うけど、どう思う？」と聞かれました。僕はその前年に『蒼き賞』で電子書籍を連携させていたこともあり、その市場に興味がありました。またケータイ小説の作家たちとやりとりする中で、すでに若年層はデジタルで作品を読むことに抵抗がないということもわかっていました。

「絶対に電子書籍はくると思います。この協会にも入りましょう」と僕は答えました。

その日のうちに日本電子書籍出版社協会の代表理事のところに石原専務と二人で訪問し、入会を決めました。あとは手続きの書類を提出するだけになったのですが、その書類を代表理事から手渡された時、「ここに電子書籍の部署名を書いてください」と言われました。

その帰り道、石原専務から「幻冬舎には電子書籍の部署がないなあ。でも、書類には書かないとダメだし。設楽、いっそのこと部署作るか？」と提案を受けました。僕はすぐに「やりたいです」と答え、31歳で幻冬舎に自分の部署を立ち上げることになったのです。電子書籍以外にもインターネット系全般の業務も包括できるようにしたかったので、部署名は「デジタルコンテンツ室」にしました。

こうして、僕の部署ができました。部署とは言っても、スタッフは僕とアルバイトの2名だけです。場所も、地下の打ち合わせ室を突貫でオフィス風に仕上げた6畳ぐらいの小さなスペースでした。売上が1円もない事業ですから、当然です。そんな状況で、新しい部署での活動がスタートしました。

電子書籍の仕事で一番苦労したのは、作家への権利許諾とそれに関する社内交渉でした。当時、電子書籍は売上がほとんどありませんでした。作家にとっても電子書籍で作品を配信する経済的なメリットはゼロ。そうなると、作家へ電子化を交渉する編集者にとってもメリットはほとんどないわけです。作家に電子書籍の制作や流通の仕組みを説明したり、契約書を作り直して締結したりするのは手間がかかります。そこに経済的なメリットがないわけですから、なかなか皆動いてくれません。

そんな状況の中、僕は広げ人である見城社長がよく口にする言葉を頭に思い浮かべていました。それは「たった一人の熱狂」です。

「プロジェクトや事業をうまく回すには、気が狂ったような一人の熱狂した力が必要だ」という意味の言葉です。僕は広げ人として、このプロジェクトに身を投じなければいけないと考え、たった一人で電子書籍に熱狂していこうと決意しました。

社内の会議でも常に電子書籍の話題を出し、廊下で編集者にすれ違ったら担当作家の作品を電子書籍化できないかと持ちかける。「また電子書籍の話か」と嫌な顔をするスタッフも出るほど、しつこく話していました。

そこから何年かは許諾作業との戦いでしたが、徐々に社内の理解者も増え、さらに作家側からも「儲からなくても新しい取り組みだからやってみたい」と言ってくださる方が増え、作品ラインナップも増えていきました。それでも売上は、僕らの人件費を補えるようなものではありません。

しかし、着実に電子書籍の流れは来ていました。国内外のプラットフォーマーがどんどん参入し、市場が広がっていきました。それに合わせて、幻冬舎の電子書籍売上も上昇していきました。

そして僕とアルバイト2人で始めた部署も中途採用を行い、さらに2名増員することに。6畳部屋に4人はさすがに入らないということで、隣の部屋をぶち抜いて12畳の部屋になったのです。

新しいスタッフが入るまで、僕は単なる事務作業以外の電子書籍の権利交渉、契約書作成、刊行編成、書店営業、流通手配、販売促進、売上管理、印税支払い指示、そして売上分析まで全てを一人で行っていました。スタッフの増加に伴ってそれらの業務を体系化し、分担することができるようになりました。

入ったスタッフも優秀だったので、彼らに現場の運用業務を任せ、僕は電子書籍の売上を上げるために優先順位の高い販売促進や新規企画の立案、また販路を広げる外交に徹することができるようになりました。

僕がどんどん新しいアイデアを出していき、それをスタッフが外部の会社などもうまく使って畳んでいく、という仕組みができたのです。やがて電子書籍事業も軌道に乗せることができました。

小さな部署で悪戦苦闘していたこの時期、僕にとって嬉しいことがありました。それは、雑誌広告の営業部で成績を上げていた同僚の女性のことです。

彼女はある日、見城社長に「設楽さんの部署に行きたい」と申し出てくれたのです。

僕もかねてから彼女のことは知っていましたが、ふだんはそれほどコミュニケーションを取ったことがなかったので驚きでした。しかし彼女の優秀さは噂で耳にしていたので、見城社長から「彼女を異動させたいのだけど」と尋ねられた時は、「もちろんです」と、二つ返事でＯＫしました。

僕の部署の売上は緩やかながら伸びていましたが、まだ社内では新規の部署で、発言力も大きくありませんでした。そんな折に、他部署の優秀な社員が希望を出して異動してくる、というのは個人的にも嬉しく、社内における部署としての立ち位置も向上したような出来事でした。メンバーが増えたことで、地下室に暫定《ざんてい》的に作られたオフィスでは窮屈になり、晴れて地上の他部署と並ぶ場所にデスクも移動することになりました。

これで僕の部署の売上もさらに上がっていくだろうと安堵《あんど》しました。しかし、見城社長はそんなことで満足するような人ではなかったのです。

【第4章】

畳《たた》み人《にん》になるための仕事の基礎

本章では、畳み人なら必ず身につけておきたいコミュニケーション法と、タイムマネジメントについて紹介します。

20代のうちにこの2つの仕事の基礎を固めた人は強いです。正直なところ、MBAを取得するよりもTOEICで高得点を取るよりも大切なスキルです。基礎ができていないのにどんなに素晴らしい資格を取っても意味がありません。

これから紹介する内容をざっと読んで「自分はきちんと実践できている」という人は遠慮なく読み飛ばしてください。もしくは自分のチームメンバーや部下がきちんと実践できるよう、教え方のマニュアルとしても参考にしていただければ嬉しいです。

コミュニケーション1

あいさつ&お礼こそ働くうえで「コスパのいい武器」である

僕は仕事で、**「嫌われないこと」ほど強力な武器はない**と思っています。

畳み人としてプロジェクトを実現するには、社内外含め、多くの人を動かすことになります。その際、カギとなるのは**「流れるようなコミュニケーション」**。プロジェクトに関わる人全員とスムーズに意見交換する環境を作ることは、仕事を実行していくうえで欠かせません。そのカギとなるのが「嫌われないこと」です。

当然、人間なので好き嫌いはあると思います。仕事を進めるうえで、どうしてもそりが合わない人もいるかもしれません。そんな時、無理やり相手に合わせることは、自分にとっても相手にとっても、辛いことです。

畳み人として目指したいのは、仕事を行ううえで**「（相手と）円滑にコミュニケーションができる程度に好かれる」**ということ。言い換えれば、「あまり嫌われない」ということでもあります。万人に好かれればもちろん最高ですが、（好かれているほどではないけれど）嫌われもしないということも、立派なスキルなのです。

では、どうすれば嫌われない程度の関係を築くことができるのか。

その方法は、至ってシンプルです。

―あいさつをする

―お礼を言う

―相手の名前を呼ぶ

この3点です。「当たり前のことしか言っていないな」と思われたかもしれません。しかし、この3点のメリットを自覚してしっかり実行できている人は、それほど多くはありません。

あいさつをきちんとする

同じ部署の人やチームメンバーにはあいさつをしている、という人は多いと思います。では、他部署を含めた職場の人にもきちんとあいさつができているでしょうか。もしくは一応「お疲れさまです」とは言っているものの、非常に小さい声だったり、相手の目も見ずに事務的な対応をしていないでしょうか。

出社した時、廊下を歩いている時、トイレで顔を合わせた時……同じ職場で働いていると、すれ違う機会は意外と多いものです。

今は関わりのない部署の人だったとしても、新しいプロジェクトで突然一緒に仕事をする可能性もあります。その時、相手が「名前は知らないけど、いつもあいさつをしてくれる人だ」と思ってくれていると印象もよく、それだけで仕事が進めやすくなります。

慣れ親しんだ環境にいると、ついあいさつを蔑《ないがし》ろにしがちです。元気よく「おはようございます」「お疲れさまです」と声に出すことくらいであれば、どんなに忙しくてもできるはずです。

あいさつはビジネスにおいても人間関係を作るうえでも、基本中の基本です。非常にコスパのいいアクションでもあります。社内では、とりあえず元気に少しでも多くの人にあいさつしておくこと。その積み重ねが、先々の仕事で色々な人とのコミュニケーションを円滑にすると思えば、安いものではないでしょうか。

お礼を言う

またお礼を言うことも、非常に大切です。あなたはチームメイトや総務・経理などのバックオフィスのメンバーにもきちんとお礼を伝えているでしょうか。社内の人たちだけでなく、社外の取引先や下請け会社の人たちに対しても同様です。

何か仕事をお願いした後、どんなに些細なことでもお礼を伝えることは、円滑な人間関係を築くうえで欠かせません。

急いでいる時やトラブルが起こっている時ほど、どうしてもサポートしてくれた人へのお礼を忘れがちです。しかし、たとえ時間は空いても、お礼は必ず伝えるようにしましょう。依頼された側は相手の反応を意外と覚えているものです。同じ人に再び何か依頼した時に、**「あの時、お礼がなかった人だ」と思われれば、あなたに関する仕事の優先順位は下がり、なかなか依頼に応じてもらえない危険性が出てきます。**人の行動は感情に大きく左右されるものだからです。

仕事は多くの人たちとのつながりで動いています。一人で完結できる仕事などほとんどありません。**「ありがとう」「助かりました」という一言を惜しまず発し続けていると、人間関係が築きやすく、信頼も生まれやすくなります。**そうした日々の積み重ねが、いざという時に協力してくれる仲間を増やすのです。

相手の名前を呼ぶ

お礼を伝える時は、名前を呼ぶことをおすすめします。

たとえば箕輪さんという人に仕事を依頼して、きっちり仕上げてくれたのなら、「ありがとう」だけでなく、「ありがとう。箕輪さんが作ってくれてめちゃくちゃ助かったよ」というように、名前を呼ぶようにするのです。

認知心理学の分野で「カクテルパーティー効果」というものがあります。これは、多くの人が談笑していても、自分の名前や興味のある会話は自然と聞き取ることができるというものです。職場はパーティー会場ほど騒がしくないかもしれませんが、それでも自分の名前を呼ばれれば自然と耳を傾けますし、意識もするはずです。

僕自身、見城社長に「ありがとう」と言われるより、「設楽、ありがとう」と言われるほうが、モチベーションは上がります。小さな工夫ですが、意外と言われた相手は嬉しいものです。今日から意識して相手の名前を呼んでみてください。

コミュニケーション2

報告や説明にはくどいくらい主語をつけよ

仕事は複数のコミュニケーションで成り立っています。そしてそのコミュニケーションにおいてしばしば起こるのが、**情報不足による誤解**です。

仕事上、何か報告や説明をする時、明確に相手に状況を伝えられていない、もしくは誤解される余白を残してしまっていると、伝達ミスが起こります。

たとえばあなたが上司に、取引先とのトラブルの報告をしたとしましょう。

「『納品数が少ない』とクレームがあって確認したんですけど、『在庫はまだある』

と言っていたので再度納品することにしました」

一見この報告の意味は通じますし、報告を受け取る相手があなたの業務や取引先の情報などのバックグラウンドを詳しく知っている人であれば、聞きながら推測して（もしくは無意識に情報を補って）理解してくれるのかもしれません。

しかしこのような報告は非常に危険です。それはこの報告には、多くの主語が抜けているからです。**主語がないことで、内容がねじ曲がって伝わってしまう可能性が高まります**。

報告や説明をする時は、**「誰が」どうしたのか、どういう状況なのかを明確にすることを**おすすめします。「大げさかな？」と思えるくらい明確にしたほうが、トラブルは起こりづらくなるでしょう。

先ほどの報告を正しく言い換えると、次のようになります。

「昨日、**B社のWさんから**『発注した数と納品された数が違う』と、**私に**クレームがありました。納品数を確認したところ、確かに**私の**ミスでした。そこで**私は商品**

管理部のAさんに、B社に納品するはずだった商品の在庫を確認したところ、A**さんは**社内に在庫がまだあると言っていたので、**私はB社に**不足分を納品することにしました」

このように主語を明確にすることで、話の中に3人の登場人物がいることがわかります。さらにその3人が、今回の件でそれぞれどのようなアクションを取ったのか、全体像を把握することもできます。

主語が明確だと、話を聞いた相手も誤解することなく理解してくれます。上司がさらにこのトラブル対応を別の人に伝える時も、誤解が生じにくくなるはずです。

たとえばあなたが映画を途中から見たら、「今のセリフにあった〝あの人〟って誰のことだろう?」と、状況を理解するのに時間がかかりますよね。

あなたから報告や説明を受ける人は、基本的にその事柄について情報を持っていないと考えてください。それまでの状況や登場人物がわかるように意識して伝えるようにしましょう。**丁寧すぎるくらいがちょうどいい**です。

コミュニケーション3

まず指示されたことを着実に実行せよ

「上司の指示通り行ったつもりなのに喜ばれなかった」、あるいは「やり直しを命じられた」という経験はないでしょうか。仕事上のコミュニケーションで起こりやすいのが指示の誤解です。

「頼まれた通りにする」というのは、実は仕事の基本中の基本です。新入社員研修でも当然すぎて、教えられないかもしれません。ただ僕の経験上、意外とこれができていない人が多い。**誤解は、指示の裏側にある相手の意図を想像する力が欠けている時に起こります。**

相手の意図を正しく受け取るためにも、上司から指示された時は、言葉通りに受け取るのではなく、**「上司は何の目的で自分にこの指示をしているのだろう」と、想像力を働かせることが大切**です。

指示の根本にあるのは「上司の考え」です。

ところが上司は、自分の考えを1から10まで言語化していない可能性もあります。「会議資料を作って」というシンプルな依頼だったとしても、あなたに資料づくりのスキルを身につけてもらいたくて依頼しているものなのか、それともふだん資料を作ってくれている担当者が休みのため、同じフォーマットを使っていつも通りに作ってもらえれば満足なのか。

上司がどちらの意図で頼んでいるかによって、指示を受ける側の作業量は大きく変わってきます。

そういう意味でも、指示を受けたらまず、上司の意図を探りに行く必要があるのです。

「作った資料は、どんな風に使われるご予定ですか？」「◯◯さんが会議用資料で使っているいつものフォーマットを使って、ふだん通りに仕上げる形でいいですか？」など、**上司の頭の中を探る質問をすれば、上司の思い描く仕事ができ、不要なトラブルや失敗をせずに済みます**。

僕も入社間もない頃、上司の指示をよく勘違いしていました。「同僚と差をつけたい」、その一心で、指示された内容の目的も確認しないまま、自分なりに工夫を施すことに心血を注いでいました。それなのに、上司に成果物を褒めてもらえないどころか、「何を余計なことしているんだ」と苛立たれたこともありました。

まずは、**上司の指示の本当の目的や意図に想像力を働かせましょう**。

相手は、あなたが思っている以上に意図を持って指示しています。「なんでこんな無意味なことを頼むんだろう」と思っても、意図を確認したうえで、最低6ヶ月ぐらいは上司の言うことに従ってみることをおすすめします。

そのうえで、自分の想像が間違っていないと確信できたら、頼まれた仕事にあなたなりの気遣いや付加価値を加えましょう。

コミュニケーション
4

相手への想像力をもってアクションを起こせ

ここまでコミュニケーションに関するノウハウをお伝えしてきましたが、ここで紹介する**「相手への想像力をもってアクションを起こす」**ことは、その中でも極めて大切なことです。

たとえばあなたが上司からメールで、「至急、Aという資料を送ってほしい」と頼まれたとします。そこで上司に電話をかけるも、移動中なのか、なかなか連絡が取れません。あなたはその資料を上司に、どんな形式で送りますか？

Aという資料は、もともとパワーポイントデータだったと仮定しましょう。資料を受け取る上司がパソコンを見られる状況であれば、そのまま添付して送ればいいかもしれません。

しかし、上司は移動中でパソコンが開けず、スマートフォンで資料を見たがっているかもしれません。パワーポイントで送ってしまうと、機種やアプリによってはうまく表示されない、もしくは文字が読みづらい可能性もあります。その場合はPDFに変換して送るほうが、上司はすぐに資料を確認できるでしょう。

では、相手の状況がわからなかった時はどうするか。その場合、2つの形式で送ると確実です。そうすれば、相手は都合のいいほうを開いて資料を確認することができるからです。

僕は経営者など、非常に忙しい相手から資料を送ってほしいと依頼を受けた時は、パワーポイントとPDF、両方の資料を添付したうえで、資料の内容をテキストにコピーして要旨を抜き出し、メール本文に貼り付けて送ります。忙しい人は秒単位で動いています。添付ファイルを開く余裕もないかもしれないと思うからです。

以前『共感SNS』（幻冬舎）の編集を担当した時、著者であるゆうこす（菅本裕子）さんと僕とのやりとりは主に、LINEを通じて行いました。使っている人であればおわかりだと思うのですが、LINEでPDFデータを送ると、ダウンロードして開くという2アクションが必要になります。一方、画像に変換して送れば、読み込まなくてもフィードにそのまま内容が表示されるため、スピーディーに見ることができます。そこで僕は画像に加え、同じ内容のテキストも貼り付けて送付。加えて、テキストにURLが含まれる時は、本文とは別に送りました。

ゆうこすさんはSNSを活用したブランディングを行っています。必然的に、URLをツイートなどに使うことが多い。文字とURLが混在した状態で送ってしまうと、ゆうこすさんがその全文をコピーし、さらにURLだけをコピーし直すという余計な手間が発生してしまいます。そのような手間をかけなくて済むように、U

RLだけを別に投稿したのです。
彼女が秒刻みで動く忙しい状況を目の当たりにしていたので、いかなる状況でもすぐチェックしてもらえるよう、先回りして行動したわけです。
このようなやり方は、非常に多忙な人の承認をもらいたい時などに有効です。

「相手のためにそこまでやるのか」と面倒に思われる人もいらっしゃるかもしれませんが、そうではありません。**相手のことを考えて動けば動くほど、最終的には自分の思い描く通りに仕事が進みやすくなります**。つまり相手を気遣うことは、自分がスムーズにコミュニケーションするための方法なのです。

もしあなたが自分の仕事を円滑に進めたい、企画を通したい、お願いを聞いてもらいたい、と思われているなら、そのアクションを受け取る相手の気持ちや状況に想像力を働かせましょう。手間がかかるように見えますが、不思議なもので、そうした**相手への小さな気遣いが、自分が結果にたどり着く最短ルートとなる**のです。

コミュニケーション5

常に相手とその先にいる他者のことまで想像せよ

前項で受け取る相手を意識しようという話をしました。せっかくなら、相手まで広がったあなたの想像力を、その先まで広げていきましょう。**あなたが直接仕事でやりとりをする相手のさらに先にいる他者にまで想像力を働かせるのです。**

全ての仕事は、多くの人とのつながりでできています。仕事のコミュニケーションは壮大なバケツリレーのようなものです。予想する以上に多くの人がつながってビジネスが動いていきます。だからこそ、その流れを円滑にすることが重要になってきます。

車の自然渋滞は、登り坂に差し掛かった一台の車が、その勾配《こうばい》に気付かず減速。そのことで後続する車がわずかなブレーキを踏み、そのブレーキの波がどんどん広がっていくことが原因で起きます。

仕事も、自分が接している相手との間でスムーズに進んでも、その相手のさらに先にいる相手との間でブレーキがかかってしまうと、次第に全体に影響を及ぼします。そうならないためにも、あなたの仕事相手のその先にいる人のことまで、できる限り意識してアクションを起こすことをおすすめします。

たとえばあなたが営業職で、現場の担当者に商品を提案していたとします。その現場担当者は提案を聞いて、「ぜひやりたい」という雰囲気を出しています。あなたは「やった！」と思って自分の上司に「売れそうです」と報告します。

ところが、何日経っても見積もりの返事が一向に届きません。おかしいなと思って担当者に連絡すると、「僕は買いたかったんですが上司のＯＫがもらえなくて」との言葉。そのタイミングで自分の上司から「まだ入金がないのか？　お前が取れそうだって言ったから役員に報告しといたのに」と言われてしまう始末。あなたは困ってしまいました。

このケースで留意するポイントは2つあります。

一つは先方への提案内容に、相手の上司を説得できる内容が含まれていなかったことです。

営業先で相手の担当者に決裁権がないと推測できていれば、ヒアリングの際に「ちなみに、この企画を決裁する上の人の選定基準はありますか？」などの質問をして、上司も説得できる提案を取り入れることができたかもしれません。

二つ目のポイントはあなたの上司への報告です。

確かに営業職などで結果が出そうであれば嬉しいですし、たまらず上司に報告してしまうものです。でもその時あなたの上司は役員から、今月の売上が足りないと詰められていたタイミングかもしれません。その場合、あなたの「売れそうです」という言葉は、「売れます」という形で役員に報告されてしまうかもしれません。

さらにその先も想像すると、役員が社長にそのことを報告して、社長がそれでこの商品を大量に生産しようといったような大きな経営の判断をしてしまうこともありえます。

仕事はこのように、複数の人がつながることにより動いています。このことを理解し、**相手の先まで、もっと言えばその先にまで想像力を働かせたり、リサーチをしたりして、アクションを起こすことが重要**なのです。

タイムマネジメント 1

自分の業務スピードを把握せよ

この本を読んでいる多くのビジネスパーソンは、複数の仕事を並行して行っているのではないでしょうか。ただ一つの仕事にだけ集中している人は、少ないはずです。一つのことに集中していても、取引先から電話がかかってきたり、メールが届いたり、上司や部下から声をかけられたりと、なかなか集中できないことがよくあると思います。

そんな時に身につけておくと強力な武器となるのが、**タイムマネジメント力**。タイムマネジメントを制する者が仕事を制すと言ってもいいくらい、仕事にとって重要なスキルです。

タイムマネジメントでまず大切なのは、**自分のタスク処理に要する時間を正確に把握すること**です。多くの人は、自分のタスク処理時間を短めに見積もりがちです。たとえば依頼された資料作成が1時間程度でできるものだったとしても、その作業中に何が起こるかわかりません。社長に呼び出されるかもしれないし、クライアントから急な電話がかかってくるかもしれません。

そこでまず行うべきなのが、**自分の業務スピードを知ること**です。

あなたの日々の仕事の中で、それぞれのタスクを処理するのにかかる時間を正確に記録していきましょう。メモ帳でもアプリでも、好きなものを使ってＯＫです。

—8:45 ~ 9:00 メールや Slack のチェック（15分）
—9:00 ~ 9:10 朝礼（10分）
—9:10 ~ 9:30 メール返信（3件、20分）

―9:30 ~ 9:55 営業会議資料の準備（25分）
―9:55 ~ 10:00 会議室への移動（5分）
―10:00 ~ 10:30 営業会議（30分）
―10:30 ~ 11:00 リーダーミーティング（30分）
―11:00 ~ 11:10 デスクへ移動／同僚と雑談（10分）
―11:10 ~ 13:00 企画書作成（110分）
―13:00 ~ 13:50 ランチ（50分）

このように、その日の作業や行動を細かく記録していきます。

ポイントは、**業務以外の内容もきちんと記録していくこと**。「ウェブニュースを見た」「メンバーと雑談した」「ランチ」など、最初はできるだけ細かく記入していきます。あわせて通勤などの移動時間や休憩の時間なども書き込んでいきます。

できれば最初は、スマートフォンのストップウォッチ機能を使って計測することが望ましいでしょう。まずは一週間でいいので、しっかりと自分の行動を記録していきます。

そして一週間経ったら記録を見直してみます。すると、たとえば類似したタスクでも、内容によってかかる時間に大きく差があることがわかります。

たとえばメールの返信一つをとっても、1分で終わるものから30分かかるものもあるのではないでしょうか。処理の難易度により、当然かかる時間は変わります。

それらを見比べ、一つひとつのタスクに最長と最短でどれくらい時間を使っているか、平均としてどのくらいで処理できているかを確認します。メール返信には一件あたり10分ぐらいかかっている、企画書の作成には2時間ぐらい必要だなといったように、あなたにとってのそれぞれの業務や行動で必要な時間を把握していきましょう。これをしっかり意識することで、あなたのタスク処理時間の予測の精度を上げることができます。

仕事のトラブルの多くは時間予測の精度が低いことで発生します。期日が遅れた、返事が返ってこない、といった理由で社内や取引先から怒られた経験は誰にでもあるはずです。誰も最初から遅れようとして仕事に取り組んでいるわけではなく、**時間予測を見誤ってしまっているだけ**なのです。

時間を見誤ることで、結果としてその仕事が遅れ、その遅れが起点となって連携している多くの人の仕事時間を狂わせます。だからこそまずは、自分のタスク処理の必要時間をきちんと知ることが大切なのです。

タイム
マネジメント
2

無駄時間を取り除け、会議は30分もあれば十分

自分のおおよそのタスク処理時間がわかれば、その中で無駄なことや縮められそうなことがないかを検討してみましょう。一つひとつのタスク処理にかかる時間をほんのわずかでも縮めることができれば、その積み重ねで仕事を効率化することができます。

まず無駄について発生しやすいポイントをいくつか紹介します。

仕事にもよると思いますが、多くのビジネスパーソンの一日の予定の中で大きな時間を占めているのは、会議や打ち合わせの時間ではないでしょうか。

不思議なもので、会議や打ち合わせはなんとなく「1時間」という時間で区切る慣習があります。もちろん内容によっては、本当に1時間必要なものもありますが、いざ冷静に考えてみると、1時間も必要ないことのほうが多いはずです。

具体的にその会議や打ち合わせで話し合うべきこと、決めるべきことを把握しておけば、1時間必要になるケースはそんなに多くないはずです。

僕の場合、ブレストなどのある程度時間を必要とするものを除いて、**会議や打ち合わせは基本30分で終わらせる**ように決めています。クライアント先の訪問など、仮に自分で時間をコントロールするのが難しい場合でも、打ち合わせの冒頭で、先方に30分しか時間がないことを伝えます。そうすると、相当な数の会議や打ち合わせに参加できるようになります。

このやり方は、電話会議やスカイプ、Zoomなどを使った会議でも有効です。これらのツールで会議を行うと、要点だけを話すため、短い時間で終わりやすくなります。移動時間なども節約できるので、可能であれば、ぜひ積極的に取り入れましょう。

タイム
マネジメント
3

作業時間は1分1秒でも縮めることに心血を注げ

会議や打ち合わせの次に仕事の時間を圧迫しているのは、細々とした書類や企画書作成など、パソコンを使うデスクワークではないでしょうか。それらの仕事を一秒でも縮められないかを考えて努力したり、意識することはとても大切です。陸上選手やF1ドライバーの気持ちになって、**「一秒でも時間が縮められれば、仕事の成果が変わる」**といった意識で取り組みましょう。

一般的にデスクワークではテキストエディタ、表計算やリスト管理をするスプレッドシート、企画書などを作るプレゼンテーションのソフトを使っているでしょう。

僕はこういったソフトを使い始める時はいつも、まずはメニュータブを色々さわって、あらゆる機能を試すようにしています。今でも新しいソフトを使う時は、そのための時間を作るようにしています。

全ての機能を試してみることで、単純に、使いやすい機能を知ることができますし、**知っている機能が多ければ多いほど、作業スピードが劇的に速くなる**からです。

これらのソフトは多くのビジネスパーソンにとって便利な機能を備えています。せっかくの便利な機能を使わないのはもったいないことです。今は必要ないと感じる機能も、その機能があることを覚えておくことは大切です。いざという時、作業の助けになるからです。

もちろんこれらのソフトの使い方をしっかり学べる書籍やウェブサイトも多数ありますので、ぜひ読んでみてください。

デスクワークでのソフトに関しては、機能を理解するのに加え、ショートカットを使いこなせるようにしましょう。コピー&ペーストや保存など、【Ctrl または Command】と何かを組み合わせるようなポピュラーなものは皆さんも使っていると思います。でもそこにもう一つ二つ、ボタンを加えるような便利なショートカットも数多くあります。ぜひふだん使っていないメニューや右クリックから動かしているような機能にショートカットがないか、調べてみてください。ショートカットをしっかり覚えて、文字通り仕事をショートカットしましょう。

僕たちはどうしてもルーチンワークに慣れてしまいがちです。ルーチンワークをひたすらこなすのは、精神的に楽です。でもそれではいつまで経っても効率化は望めません。ソフトの使い方やショートカットに限らず、**「どうしたら一秒縮められるか？」と、ふだんから効率化を意識するクセをつける**のもいいと思います。

どんなに小さなことでもかまいません。

「電車のどの車両に乗ったら乗り換えをしやすいか」「よく使うカードは財布の中

で一番取り出しやすいところに入れる」など、ふだんから効率化を意識するようにすると、日々の仕事でも自然とそれができるようになっていきます。

タイム
マネジメント
4

仕事に優先順位をつけ、スケジュールに落とし込め

自分の業務スピードを把握して細かな業務も効率化できるようになれば、それぞれの仕事に優先順位をつけていきます。具体的には、**やるべき仕事をTODOリストに書き出していきます。**使うツールは、アプリでも手帳でも、使いやすいものでOKです。

ポイントは、やるべき仕事をその期日ごとにカテゴリー分けをしてまとめていくことです。僕の場合は、

「今日やらなければいけないこと」
「今週やらなければいけないこと」
「今月やらなければいけないこと」
「急がないが長期的にはやらないといけないこと」

この4つに分けて、TODOリストを作っています。カテゴリーを分けすぎると管理が億劫《おっくう》になることもあるので、そういう人は**時系列で「今すぐ」「ちょっと先には」「長期的には」の3つ**に分けてもいいでしょう。それぞれのカテゴリーごとに複数のリストページを作って管理してもいいですが、僕は一つのTODOリストの中にこれらのカテゴリーの仕切りとなる印をつけて管理するようにしています。そのほうがページ切り替えの手間もなく、一目で全てのタスクを見渡せ、時間経過に合わせてカテゴリーの移動も簡単にできるからです。

カテゴリー分けができたら、そのカテゴリーの中でさらに優先度を考え、リスト化していきましょう。

TODOリストを作ったのはいいけれど、時間が経つうちにどんどんタスクが埋まってその管理の時間が面倒になり、結局使わなくなってしまった――という人も多いのではないでしょうか。

そうならないための大切なポイントは2つです。

一つは、メンテナンスをきちんと行うこと。「今日やらなければいけないこと」はその日の朝、「今週やらなければいけないこと」は週の頭、「今月やらなければいけないこと」は月初に。そして「急がないが長期的にはやらないといけないこと」は月末などに必ず確認し、進捗を確認したりカテゴリーを変更したりして、定期的にメンテナンスを行います。

もう一つは、TODOリストの内容をスケジュールに移し、**具体的に実施する時間を入力すること**です。スケジュールについては、どうしても会議や来客などの日程だけを入れてしまいがちです。しかし、「来客」という一つの予定には、「来客前にリマインドメールを送る」「来客後に企画書を作る」など、様々な業務が付随しています。そういった細かな業務もスケジュールに書き込んでいきます。
僕も、「〇〇さんにメールの返信」「請求書を経理に依頼する」など、細かな作業もスケジュールに詳しく書き込んでいます。そしてスケジュールに移した段階で、TODOリストからその項目を削除しています。

このように**TODOリストを優先順位別のカテゴリーで管理し、優先順位を見える化したうえで、未来のスケジュールに落とし込んでいくのがポイント**です。
もちろん突然の予定変更などもあり、スケジュール通りにタスクを処理できないこともあると思います。その場合は、きちんとそのスケジュールを変更するようにします（できなかった業務を放置しておかない）。これをコツコツ積み重ねていくことで、あなたのタイムマネジメントスキルは向上するでしょう。

タイム
マネジメント
5

未来の予定にクッションタイムを入れよ

前項で述べたように、仕事に優先順位をつけて取り組んでいても、予定通りにいかないことは起こります。「上司から急用を頼まれた」「来週の納期を早めてほしいとクライアントから言われた」などといったことは日常茶飯事でしょう。

部下のいる人はなおさら、しっかり時間を管理していても、メンバーからの急な相談やトラブル対応など、予期せぬ事態が起こりやすくなります。

そこで、未来のスケジュールを作成する際は**「クッションタイム」を設けること**をおすすめします。細かいタスクをスケジュールに入れ込んだうえで、緊急時に対応できるような時間を確保しておくのです。

細かい管理が得意な人は、前後のスケジュールなども考慮したうえで「クッションタイム」もどんどん確保していきましょう。そこまでは面倒だと感じる人は、1週間のうち「この曜日はフレキシブルに対応する」という曜日を作ってしまうのも手です。

たとえば「金曜日の13時以降は絶対に予定を入れない」というふうに、自分でルールを作ります。もちろん**緊急の予定は入れますが、その他の予定は絶対に譲りません**。打合せの日程調整の時、仮にプロジェクトメンバーの曜日が合うのが金曜日だったとしても、「ごめんなさい、そこは無理です」と勇気を持って伝えるようにします。

残業や予定通り仕事が進まない人は、相手の都合に合わせすぎているケースも少なくありません。そのため、**クッションタイムをあらかじめ設け、自分で決めた予定を約束と考え、守りましょう。**

タイム
マネジメント
6

実行する前に1分見直せ、仕事の質は30%上がる

打合せの時間を短縮したり、クッションタイムを設けたりしていると、だんだん時間に対する感度が上がってきます。そうなると、できるだけふだん行っている仕事を省きたいという気持ちが出てくるものです。とくにないがしろにされやすいのが仕事の「**見直し**」です。誰でもできることなのに、忙しい時は「まあ、やらなくてもいいか」と、ついつい省いてしまいがちです。しかし、**見直し時間を怠ることは、近道をしようとして逆に遠回りをするようなもの**です。

ミスがあった時、当然ですが再確認と修正を行わなければなりません。すると見

直しにかかる時間よりむしろ多くの時間がかかって、結果的により面倒を被《こうむ》ることになります。

また見直しをせず修正が発生した場合、資料などを受け取った側にも迷惑をかけることになります。仮に資料やメールを送った後、自分でミスに気づいたとしても、再度送付することになるため、相手は二度その資料を見なくてはなりません。間違っている部分を指摘してもらったとしても、自分が作っていないものを再認識してもらうには、作った人の倍以上の時間がかかります。**見直しの習慣がない人は、後から再確認が必要な「負債時間」を作ることになる**のです。

毎回見直しが必要になるような仕事を行っていると、相手はどう思うでしょうか。「もうあなたと仕事はしたくない」と思われても仕方がありません。

いくら美味しい料理が食べられるレストランでも、毎回注文の受け間違いがあるようなところには、誰も通わないですよね。

仕事に慣れてくると、人は気づかないうちに時間泥棒になってしまいます。

そうならないよう、資料やメールを作成し終えたら、相手に届ける前に必ず見直しをしましょう。**見直し時間を惜しまず作ることが、時間泥棒にならないための第一歩**です。

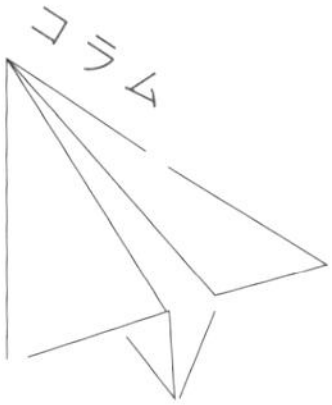

こうして僕は「畳み人」になった4

箕輪厚介と、NewsPicksと。

幻冬舎で僕の部署の売上が順調に推移していたある日、僕を含めた部署のメンバー全員が見城社長に呼び出されました。そして「電子書籍は順調か？」と聞かれました。僕は胸を張って「はい」と答え、売上実績をまとめた資料を見せました。褒めてもらえるかもしれないと期待していると、その資料から目を外した見城社長が口を開きました。

「設楽、5年後に紙の本を売っているだけでは出版社は食えなくなる。幻冬舎もこのままだとそうなる。電子書籍もいいが、それだけじゃダメだ。もっと考えろ！　もっとはみ出せ！　お前たちで新規事業を立ち上げてもいいし、なんなら会社を作ったっていい。とにかくはみ出すんだ！」

それは激励というよりも、叱咤《しった》に近い言葉でした。

僕はその時、「そうか、まだまだ広げないとダメだ」と頭を殴られたような思いでした。自分の部署を立ち上げてからの何年かは、部署を軌道に乗せることばかり考えていました。もちろん電子書籍という市場では、それなりの風呂敷を広げられたという自負もありました。しかし部署が軌道に乗っていくうちに、いつの間にか仕事が惰性になりつつあるのも事実だったのです。

見城社長と僕の見ているレイヤーは確実に違いました。見城社長はもっと広い世界で戦っていたのです。

「デジタルコンテンツ室という部署名もよくないな。なんだか視野を狭めてしまっている。とにかく設楽たちには紙の出版以外の〝全て〟のビジネスの可能性を探ってほしいんだよ。そうだ、コンテンツビジネス室にしよう」

そう見城社長に提案され、その日から部署名が変わりました。そして、僕の仕事に対する向き合い方も変わったのです。

見城社長からの「はみ出せ」という課題を胸に、コンテンツビジネス室で扱う仕事の範囲はどんどん広がっていきました。他部署からの優秀な営業スタッフも加わったことにより、戦力も拡大しました。

まず僕たちは書籍編集部と連携して、メディアとオンラインストアがセットになった「幻冬舎plus」というオウンドメディアを立ち上げました。さらに幻冬舎で本を出した作家や著名人の表現力や幻冬舎の編集力を企業に提供してPRをサポートする「幻冬舎パートナーズ」というクリエイティブ事業も立ち上げることになったのです。

これらの業務でコンテンツの制作自体も行うようになり、書籍編集部からも何人かスタッフが加わりました。アルバイトと2人で立ち上げた部署は、気がついたら総勢20人ぐらいのチームに育っていました。部署名もコンテンツビジネス「室」から「局」に格上げされたのです。

それでも見城社長からは、新規ビジネスを実施するようにと言われ続けていました。とにかく利益を出すために色々なチャレンジをしろ、と。

そんな時、一人の青年が幻冬舎に転職してきました。青年の名は、箕輪厚介。彼が入社して数日も経たないある日、僕の内線電話が鳴りました。電話をしてきたのは、その箕輪くんでした。「設楽さんはこの会社でネットに詳しいと聞いたのですが、色々と教えていただけますか？」と言うのです。

電話を切ってすぐに箕輪くんと打ち合わせをすることになりました。打ち合わせ場所の会議室に入ると、すごく腰の低い青年が座っていました。僕は彼に今までうちの部署が手掛けてきた事業について説明していきました。「ふんふん。へー、そんなことも幻冬舎はやっていたんですね」と、彼は頷きながら聞いています。

僕の話を聞いて箕輪くんは「僕は編集者として実績もまだ少ないし、幻冬舎では他の人がやっていないことをやらないとダメだと思うんです。僕は比較的インターネットに強い。でも幻冬舎にはその手の本が少ないから、そこを攻めようと考えているんです。だから設楽さんともこれから色々仕事させてもらうことになる気がしますので、よろしくお願いします」と、人懐っこい笑顔を見せました。

実際に箕輪くんとは、色々な機会に情報交換をしました。彼も僕のように中途入社したメンバーでしたし、もともと広告営業をしていたという境遇も似ていました。さらにインターネットや新しいコンテンツのあり方に対する想いも近いものがあって、いつの間にか意気投合するようになっていました。仕事の話だけでなく、プライベートなことや馬鹿な話まで、飲み屋でよく話したのを覚えています。

箕輪くんは宣言していた通り、ネットで活躍する著者の本の編集や、ネットをうまく活用したプロモーションを展開していきました。尖ったキャラなので、はじめの頃は社内でも警戒されていましたが、実績を出しながら徐々にポジションを確立していきました。また、彼の仕事はネットに関わることが多かったので、僕がそれを手伝う機会も増えていったのです。

僕と箕輪くんが情報交換をしていたのを知ってか知らずか、何らかのネット系の話や新規事業の話があると、見城社長から、僕と箕輪くんがセットで呼ばれることが増えていきました。そして「設楽と箕輪で一緒にネット企業と組んでどんどん新しいことをやるように。とくに幻冬舎がプラットフォームになれるようなことを考えて」と指示を受けました。

見城社長は指示を出すだけではありませんでした。色々な企業の経営者との打ち合わせや会食の場にも僕と箕輪くんを呼んでくれ、数々のチャンスを用意してくれました。

会議室ではよく箕輪くんと二人で「どんなことをやろうか？」という話をしていました。その時、箕輪くんにも何人か組める相手がいて、僕にも同様にいくつか仕掛けたい案件がありました。出版社としてどのような新規ビジネスをするか、どのようなプラットフォームになれるのか、そんな意見を日々交わしていました。

そんな中で出てきたのがNewsPicksとの協業の話でした。これは箕輪くんが持ってきた話、つまり彼が広げた大風呂敷でした。もともと彼は当時、NewsPicksの編集長だった佐々木さんの書籍の編集担当をしていました。その時に「一緒に組めないか」と提案してみたところ、佐々木さんが乗ってきてくれたというのです。僕もその話を聞いた時、NewsPicksと組むのは非常にいいのではないかと思いました。

まずNewsPicksは、幻冬舎が当時弱かったビジネス系のコンテンツに強い。

一方で幻冬舎は、おそらくNewsPicksが当時弱かった芸能人やインフルエンサーのコンテンツや、サブカル系のコンテンツ、また文芸などに強い会社です。この頃までにも僕は様々な協業を経験してきましたが、協業は本当に難しいと実感していました。

当たり前ですが、協業においてまず大切なのは「お互いがWin-Winであること」です。言い換えると、お互い「自社にはないけれど将来メリットになる強み」を相手が持っているかどうかが大切なのです。その点でNewsPicksとは相性がいいと思っていました。

さらに、僕が絶対組みたいと思ったもう一つの理由は、NewsPicksがコンテンツに対して愛がある会社だと思えたからです。少なくとも彼らの発信するコンテンツを見ていてそう感じていました。

多くのプラットフォームビジネスで成功しているスタートアップは、コンテンツに対してプライオリティが低いことがあります。過去に僕もそういった会社と協業して、うまく噛み合わない経験をしたことがありました。

幻冬舎はコンテンツメーカーですので、コンテンツに愛がある会社です。ここに温度差が生まれてしまうと、実際に協業を始めても現場のスタッフ同士でギスギスしてくることが多かったのです。

NewsPicksと幻冬舎は、お互いが持っていない明確な強みを持っており、さらにコンテンツに対する想いが近かった。だから、この協業はうまくいきそうな予感がしました。佐々木さん、箕輪くん、僕の3人で簡単に「お互いにどういうことで協業できそうか」とブレストを行い、その企画を佐々木さんが資料にまとめてくれました。

この時、箕輪くんが「僕より佐々木さんが作ったほうが絶対に素敵だから」と調子のいいことを言って、佐々木さんに企画立案と資料作りを丸投げしていたのを見て、「こいつはタダモノじゃないな」と、何か底知れぬ〝人間力〟のようなものを感じたりもしたものです（笑）。

資料をまとめた佐々木さんが改めて会社に来てくれて、その内容を僕と箕輪くんに一度プレゼンしてくれました。その内容をブラッシュアップし、皆で見城社長にプレゼンをするという想定でした。その時、佐々木さんに同行してきたのが、本文でも少しお伝えした、のちに僕とビジネスユニットを組んで一緒に「風呂敷畳み人ラジオ」を配信することになる野村さんです。

最初の印象はとても頭がよく、本当に「真面目で優秀」を地《じ》で行くような人でした。まさかその後、一緒に活動することになるとは思いもよりませんでしたが。

そこからこの4人で何度か企画をブラッシュアップ。僕と箕輪くんは佐々木さんの企画スキームを「こういう風に説明したほうが見城社長は承諾しやすい」などとアドバイスしていきました。また、僕と野村さんは並行してその企画を実施する際に「スタッフをどのように配置するか」「コスト面は両社でどのように処理するか」など、具体的に協業した場合、お互いにどうやってプロジェクトを実行していくかを固めていきました。

そしていよいよ見城社長へのプレゼンの日です。

佐々木さんが作ってきた資料をもとにプレゼンをし、僕と箕輪くんと野村さんで佐々木さんのプレゼンの内容を補足していきました。

見城社長はプレゼンを聞くなり、「今すぐやろう！」と声をあげました。後に「NewsPicks アカデミア／NewsPicks Book」と呼ばれる協業企画が産声を上げた瞬間です。

今振り返ると、「NewsPicks アカデミア／NewsPicks Book」の仕事ができたことは、僕の社会人人生で成長を遂げる、大きなターニングポイントになったと思います。それは箕輪くんも同じ気持ちのようでした。

それからは企画を動かすために4人で毎週会って打ち合わせを行いました。佐々木さんと箕輪くんがどんどんアイデアを出しては、それをどのように進めていくか、僕と野村さんで組み立てる。次第にその会議にはデザイナーやエンジニアも加わり、毎週のように10名以上で顔を合わせていくようになりました。

佐々木さんがファシリテーターを務める彼らの会議には、独特の熱量やスピード感があります。僕らがあまり経験したことのない会議ということもあり、僕も箕輪くんも会議の後、熱が冷めやらず、会社に着くまでずっと議論の続きをしていました。そして、「勉強になるよなあ」と2人でいつも口にしていたものです。

見城社長にプレゼンをしたのが11月で、その翌年の4月にはサービスを開始することになっていました。それはもう、本当に絵に描いたような〝バタバタ〟でした。当時企画を練っていく段階でサービス名を「NewsPicks アカデミア」にしようと決まり、「そうなると大学などと同じで4月に開始するのはマストだ」と佐々木さんが強く主張。正直、エンジニアの面々は泣きそうになっていました。

当初予定していたシステム面での機能やコンテンツの全ては揃わなかったものの、エンジニアのメンバーたちの頑張りもあり、半ば強引に4月にサービスを開始することができました。サービス開始の前日は、深夜までチームで作っていたSlackのグループで最終調整のやり取りをしていました。皆テンションが高まっていて、朝方までSlackのメッセージのやり取りは止まりませんでした。そこには学園祭の前夜みたいな興奮があったことを覚えています。

サービスをスタートした朝も、皆で寝不足の目をこすりながら各自のツイッターなどで一生懸命告知を続けました。サービスはとりあえず500人限定で始める予定でした。それもコミュニティをうまく作るためにどの程度の規模感で始めればいいか、皆で議論を重ねて決めた戦略です。「規模は緩やかに拡大していこう」「はじめの1ヶ月で500人をなんとか集めて、そこから毎月定員を増やしていこう」といった想定でした。ところがサービスを公開するやいなや大きな反響があり、500人は午前中だけで埋まってしまいました。嬉しい誤算です。そこから早急にみんなで議論して、数日かけて枠を1000人に拡大していったのです。

「NewsPicksアカデミア」はこうして幸先のいいスタートを切りました。

でも、そこからが大変でした。「どこの会社も真似できないようなサービスにしよう」という想いで企画を組み立てていたので、実施するには無茶なことも多かったのです。僕らの目の前にはとんでもない大風呂敷が広がっていました。

まず、「本を毎月絶対に作る」ということ。つまり、12ヶ月連続で一人の編集者が本を毎月出す必要がありました。これは本当に大変なことですが、箕輪くんが本当に「死ぬこと以外かすり傷」と言わんばかりの勢いと気合でやり切りました。

また、本だけではなくイベントも毎月数本やることになっていました。これも、皆で死に物狂いで実施しました。次から次へと企画を考えては本にしたり、イベントにしたり、それをくり返していく。そんな毎日が怒涛のように過ぎていきました。

この怒涛の毎日が、さらに僕を成長させてくれました。協業プロジェクトなのではじめは双方の業務の役割や担当を切り分けていましたが、実際に動かしてみるとそんな単純なものではなかったのです。

たとえば、本は幻冬舎、イベントはNewsPicksと大きく分けていましたが、僕や箕輪くんがイベントの企画をすることもありましたし、そのイベント当日に人手が足りないからとモデレーターをすることもありました。今、僕は講演会などで登壇する機会も増えていますが、この頃の経験があったからこそ、イベントで話すことに対して抵抗がなくなっているのだと思います。

誰が何をやらなければいけない、などと考えず「とりあえずできる人がやろう」「できなかったら、やれるようになんとかしよう」というスタンスで皆がプロジェクトに関わっていきました。そうして「NewsPicks アカデミア」は軌道に乗っていったのです。

始めて半年ぐらい経った頃から、「幻冬舎と一緒に仕事をしたい」というオファーも増えるようになりました。それは新規事業担当としては嬉しい限りでした。僕の部署もどんどん忙しくなっていきました。

箕輪くんは、この「NewsPicks アカデミア」が始まってから数ヶ月後に、今や会員数が１０００名を突破した「箕輪編集室」というオンラインサロンを開始します。

彼がサロンを始めた理由は、別に副業をしたかったからでも、お金がほしかったからでもありません。実はこのアカデミアのプロジェクトが忙しすぎて猫の手も借りたいぐらい追い込まれ、今すぐにでも自分の仕事を手伝ってくれるチームがほしい一心でオンラインサロンを作ったのです。もちろん会社も箕輪くんをサポートする体制を作ろうとしていましたが、すでにプロジェクトが動いていて、悠長に採用をしている状況ではありませんでした。

その「箕輪編集室」はみるみるうちに大きくなっていきました。コミュニティメンバーの皆は殺人的なスケジュールで本を作り続ける箕輪くんをサポートしながら学んで成長していきました。

そんなある日、箕輪くんから「『箕輪編集室』で音声と動画の対談コンテンツを作って配信するから設楽さん出演しない？」という誘いを受けました。僕は「もちろん」と答え、予定の日時に会議室に入ると、大勢のメンバーが撮影機材を準備していました。

その対談の中で司会の人が「なんで箕輪さんは『NewsPicks アカデミア』やその

他の新規事業をどんどん立ち上げていけるんですか？」と聞いた時に、箕輪くんがこう答えたのです。

「それは設楽さんのおかげですよ。僕はアイデアや企画の大風呂敷を広げて事業を立ち上げて、人脈や影響力を使ってそれを盛り上げることはできるんです。でもそこからのお金のこととか、数字とかシステムのこととかはどうしても苦手で、これからどう実行していこうかとなってしまう。それを助けてくれるのが設楽さんなんですよ。設楽さんは僕の大風呂敷を畳んでくれる、畳み人ですよ」と。

その対談コンテンツが放送される否や、僕は色々な人から「畳み人」と呼ばれるようになりました。はじめは「畳み人」っていうのもなんか畳屋さんみたいだし変な呼ばれ方だなあと感じましたが、改めてよく考えると、言い得て妙だなと思ったのです。

僕は箕輪くんに言語化されるまで意識していませんでしたが、確かに今までも見城社長や石原専務をはじめ、多くの上司の広げた大風呂敷を畳んできました。そして他の会社を見ても、多くの好調なプロジェクトには、箕輪くんのような突飛なアイデアを思いつく「広げ人」と、僕のようにそのプロジェクトを着実に実行する「畳み人」がいることに気がつきました。

なるほど、畳み人か。仕事を形にするために、確かに畳み人は大切な役割だな。でもビジネスシーンで光を浴びるのは、どちらかと言えばアイデアを広げた広げ人のほうだな、と僕は思いました。そのうち、もっと畳み人に光が当たるようにできないかなとも思うようになりました。

そんなことを考えていた時に、NewsPikcs の野村さんの顔がふと浮かびました。僕が畳み人なのであれば、NewsPicks で佐々木さんの大風呂敷を形にしている野村さんも同じ畳み人だな。そう思った僕はすぐに野村さんに連絡をして、「一緒に『畳み人』の大切さを世に発信していかないか」と声をかけたのです。

【第5章】

畳《たた》み人《にん》こそ、最強の広げ人になれる

広げ人、畳み人というのは、そのプロジェクトや事業における最適なポジションです。ケースによっては、今まで広げ人だった人が畳み人として動くこともあれば、畳み人だった人が広げ人になることもあります。今はあるリーダーの傍で畳み人をしている人も、新規プロジェクトに関しては広げ人の役割を担うこともあります。また数年間畳み人を続けて昇進し、一つの部署を任されるようになれば、いよいよ広げ人にならなければいけない時期もくるでしょう。僕は「畳み人を経験した人が広げ人になる」ほうが最強だと考えています。

この章では畳み人が広げ人になる時に必要なこと、そして畳み人から広げ人になるメリットについて紹介していきます。

畳み人として評価を得てくると、次第に「広げなさい」というチャンスが来る

ここで改めて、広げ人と畳み人の役割を整理しましょう。

広げ人は創造的なアイデアを世に出して、その事業やプロジェクトのゴールとなる旗を立てる仕事です。新たな事業を開始する時などに必要なポジションです。

一方、畳み人は、その旗を立てた広げ人とともに、その事業やプロジェクトを着実に実行していくポジションです。プロジェクト全体を管理し、あらゆる障害を取り除き、仕事をチームで動かしていく立場です。

本書のテーマは畳み人の仕事術なので、畳み人に関するエピソードを多く書きましたが、ある時期から僕は広げ人と畳み人、両方の仕事を行うようになりました。

昔から上司が企画した仕事では畳み人を、自分が立ち上げた電子書籍事業などは完全に広げ人の役割を担っていました。箕輪くんと立ち上げた事業は彼の立てる旗が魅力的だったので、いつの間にか、畳み人として手を挙げていました。「あたらしい経済」では、僕が編集長を務め、完全に広げています。

自分が広げ人をしてわかったことは、やはり**プロジェクトには必ず畳み人が必要**だということです。僕にも畳み人として適任なメンバーを見つけられず、苦い思いをしたプロジェクトがいくつもありました。その時は一人で広げ人と畳み人を兼任せざるを得ませんでした。

しかし、一人二役というのは想像以上に大変なことです。広げながら畳んでいると、どんどん広げられなくなってくるのが自分でもわかります。このプロジェクトで新しいことをしようか、でもそうすると作業が増えてリソースが足りなくなるからやめようか。そのように自然と、アイデアという風呂敷が小さくなっていきます。

現在、立場上、僕は新しいプロジェクトの広げ人を見つけて任命することも増えてきました。そして広げ人を他の人に任せる時にいつも思うのです。できれば今まで一つのプロジェクトをきちんと実行してきた経験がある人がいいなと。プロジェクト全体を見てチームを作り、きちんと仕事を動かしてきた人なら新しい事業を立ち上げられるかもしれない、と。つまりそれが畳み人なのです。

第1章でも見城社長や箕輪くんの例を紹介しましたが、今広げ人だと皆さんが思われている人も、ある立場では畳み人であったり、過去に畳み人だった人が多いのです。例外はあると思いますが、僕が見てきた限り、優秀な人は畳み人も経験していて、この本で書いたようなビジネスの基礎を押さえている人がほとんどです。今広げ人に見える人も、そのプロジェクトに合わせてポジションを変えているだけなのです。

そういった意味で少なくとも僕は、**広げ人になる人も畳み人のスキルが必須であり、畳み人の経験があるからこそ、大いに風呂敷を広げられる**と思っています。

畳み人は複数の広げ人を一番近くで見て、インストールできる立場にある

畳み人スキルを高めてから広げ人をすることには、数多くのメリットがあります。最も大きなメリットは、**広げ人とビジネスを実行するうえで密に並走してきた経験**です。

畳み人はただ広げ人の指示通り業務を行うスタッフではありません。広げ人のすぐ傍で一緒にビジネスを動かしていく存在です。一緒にプロジェクトを面白がり、日々広げ人が何を考えているのかを想像し、現場を動かしていく。そういう意味で畳み人というのは、**イノベーションを起こすような広げ人の行動や思考を一番近く**

で学べる特等席にいると言ってもいいでしょう。

その特等席で学んだ経験は、自分が広げ人になった時に非常に有用な資産になります。広げ人にも色々な特徴や思考パターンがあります。いくつかの仕事で畳み人を経験することで、あなたはその広げ人スキルの多くを自分にインストールすることができます。

そしてあなたが広げ人になった時に、インストールした広げ人たちの思考法や行動パターンが役立ちます。それも一人ではなく、**複数の広げ人の特徴や思考パターンをインストールできていれば、多くのケースを想定できるようになるのです。**

僕も広げ人という立場で次のアクションに迷いが出た時は、今までインストールしてきた広げ人たちならこの時どうするだろう、と常に考えています。「こういったトラブルの時、見城社長や箕輪くん、ゆうこすさんや佐々木さんはどうするだろう?」と。

面白いことに、僕の頭の中の広げ人たちは、ケースによってはほとんど同じ打ち手であることもあれば、そうでないこともあります。いずれにしても、そのプロジェクトに世界で最も思い入れがあるのは自分自身です。頭の中に浮かんだ広げ人たちの打ち手を参考に、自分の意見を形作っていくことができます。

僕のように、自分の頭の中でインストールした広げ人を再生してシミュレーションすることもできますし、広げ人とのリアルな人間関係もあるので、実際に相談することもできます。

多くの広げ人のプロジェクトを実行してきた経験は、あなたがビジネスのアイデアを広げる時の助けになります。逆にそういった経験がなく、若いうちにアイデアを広げなければいけない状況はとても不幸なことです。

できるだけ若いうちに、**強力な広げ人と仕事をする経験が、あなたをさらに成長させるのです。**

畳み人が広げ人になる時に注意すべき3つのポイント

やがて「広げ人」というポジションを任される畳み人に、注意していただきたいことがあります。それは、**広げ人と畳み人ではやるべき仕事が大きく異なる**ということです。それまで畳み人としての仕事がメインだった人は、色々な広げ人を自分の中にインストールできていても、どうしても畳み人としてのスキルが染み付いてしまっています。これをうまく変えないと、広げ人になることはできません。「あいつは仕事はできるけど、大きな仕事ができないな」と判断されてしまいます。ここからは、そうならないために意識すべきポイントを3つ紹介します。

視点は内でなく外へ

畳み人の視点は、どうしてもチーム内や関係会社などの内側に向きがちです。そのチームを動かし、きちんと機能しているか随時確認する必要があるからです。

一方、あなたが広げ人になった時は、その視点を**完全に外に向けましょう**。きちんとチームが動くかどうかよりも先に、世の中や市場はどうなっているのか。競合のサービスはどのような動きをしているのか。外の世界に視野を向けましょう。

いい人でいようとするな

第4章で、好かれる人であることも畳み人として大切なスキルだと書きました。それは、多くの人とプロジェクトを推進していくために必要なことでした。

しかし**広げ人の仕事は、イノベーションを起こすこと**です。

皆が賛成するアイデアに、イノベーションは起きません。イノベーションとは何かを破壊しなければ生まれないものです。そのアイデアが可能性を秘めていればば秘めているほど、社内外の反感を買うことも多い。そこで反対に遭うことや嫌われることを気にしていては、大きなビジョンを持って旗を立てることはできません。

畳み人を経験された人にとっては少々辛いことですが、あなたの意見を通すためにも、人に嫌われることを恐れている場合ではありません。

仕事はどんどん人に振れ

次にお伝えすることは、畳み人がいざ大風呂敷を広げる時に最も陥りやすいケースです。

畳み人は多くの事業を回してきたため、それらを効率化させる方法を理解しています。すると広げ人になった時に、多くの事務作業や、やらなければいけないことが目についてしまいます。それを現場に振ると、今度は効率的にできていないことが気になり始めるのです。

そんな時、つい自分の手を動かしてしまうかもしれません。自分が手を動かしたほうが確実で速いからです。でもこれは、広げ人としては問題です。

あなたがその作業をすることでトラブルなく事業は進むかもしれませんが、大きな仕事はできません。広げ人としての役目を意識し、**事務作業などはどんどん他の人に任せましょう**。

いい畳み人を見つけよ

ここまで、畳み人が広げ人になる時の注意すべきポイントを読んで、「やってはいけないことは理解できるけれども、それをしなければ、プロジェクトがうまく実行できないのではないか」と感じた人もいらっしゃるかもしれません。

たしかに、その通りです。何度も書いていることですが、プロジェクトを着実に実行していくためには、広げ人のあなたに加えて、もう一つ大切なポジションに優秀な人を任命する必要があります。

そのポジションこそ、畳み人です。

あなたが広げ人として「やらなければいけないこと」を実行するために、優秀な畳み人は不可欠なのです。

広げ人となったあなたがすべき最も大切なことは、**優秀な畳み人を探すこと**です。大きな風呂敷を広げて世の中に大きなインパクトを与えるためには、あなたの右腕となってアイデアを形にするのをサポートしてくれる存在が必要です。

もちろんあなたは畳み人の経験があるので、広げながら畳むこともできるかもしれません。でもそれではレースに勝つのは難しいでしょう。ライバルの広げ人は優秀な畳み人を携えて、アイデアの風呂敷をどんどん大きく広げています。

多くのプロジェクトで畳み人の経験を積めば、どんな人が畳み人として優秀かはわかるはずです。社内を見渡して、優秀な畳み人を見つけましょう。

この本に書いてあることをきちんと実行できる、もしくはそのポテンシャルがある人が畳み人に向いているはずです。

あなたが広げ人になって畳み人にどんな人を選べばいいか迷った時は、ぜひこの本をもう一度手に取ってみてください。

おわりに

「畳み人」のスキルやその働き方は、ビジネスを実行させて成功に導くためにはなくてはならないもの。そして「畳み人」のスキルを高めることが、やりたい仕事ができるようになる最良の選択なんだ。だから「畳み人」を世の中に広げたい、もっとこのポジションに光を当てたい。

僕と野村さんの想いは一致しました。早速二人でビジネスユニットを組んで、情報発信をしていくことにしました。僕も野村さんも昔からラジオやPodcastが好きだったこと、そして当時Voicyというインターネットで音声を配信できるアプリが話題になっていたこともあり、「風呂敷畳み人ラジオ」という番組をVoicyで配信することになったのです。

初回の配信は２０１８年2月6日でした。二人で静かな会議室を探し、まだまだ手探りながらスマートフォンに向かってこっそり収録しました。そこから週1回のペースで僕たちは番組を放送していきました。嬉しいことに、放送開始から大きな反響をいただきました。現在では番組の放送回数は100回を超え、放送開始から累計の再生回数は60万回を超えるほど、多くの人に聴いていただいています。

また僕たちは「風呂敷畳み人ラジオ」の配信に合わせて、「風呂敷畳み人サロン」というオンラインコミュニティの運営も開始しました。そのコミュニティでは毎月ゲストを招いての定例会や勉強会を開催し、さらにはメンバーのビジネス相談や、より深く畳み人のビジネススキルを学べる限定コンテンツの配信を行っています。今まで多くの人に参加していただき、皆で仕事を着実に実行するノウハウを学んでいます。

その頃から僕の個人活動はどんどん充実していきました。セミナーの登壇やメディア取材のお仕事などもいただけるようになりました。さらにはその活動に注目してくださったある上場企業のご担当者から「ぜひうちの新規事業も畳んでほしい」というご依頼をいただき、現在アドバイザーという立場でお手伝いさせていただいています。

会社の仕事もさらに充実していきました。「NewsPicksアカデミア」に続いて、見城社長や石原専務、箕輪くんは、どんどん次の大風呂敷を広げていきます。CAMPFIREとのクラウドファンディング出版専門の合弁会社エクソダスをはじめ、いくつもの会社を僕たちは立ち上げました。もちろんそれらの会社やプロジェクトで、僕は畳み人として事業を実行に移していきます。

それらの多くのプロジェクトを畳んでいくのと並行して、僕にも大風呂敷を広げる機会が訪れました。新規事業として幻冬舎でブロックチェーンの専門メディアを立ち上げたのです。インターネットと同じか、それ以上にビジネスのパラダイムシフトを起こす可能性を秘めたこのブロックチェーンという技術に魅了された僕は、見城さんに「僕が編集長をしてメディアを立ち上げたいです。まだどの出版社も手を出していないジャンルです。絶対業界1位を取れる自信があります」と大風呂敷を広げたのです。

ビジネスにおいては色々な勝ちパターンがあると思います。ただ必ず勝てる方法はありません。僕たちができることは、その勝率を最大限まで高めることです。

この本では仕事を着実に実行していくうえでの大切なことを紹介してきました。最後まで読んでいただいても、本当に基本的なことしか書いていないと感じられたかもしれません。

比較的強いメッセージや尖ったものが売れやすい今の出版マーケットにおいて、これほどまでに基本的なことを書くことに躊躇《ちゆうちよ》する気持ちもありました。結局設楽は普通のことしか言っていない、そういった読者のレビューがネット上に溢れるかと思うと、震えました。

世の中にはビジネスの基礎を教えてくれる入門のコンテンツもたくさんあります。それらは有用なものですが、その一方で、それらの多くに成功のイメージが欠けていると感じます。「はじめに」でも書いたとおり、味付けの濃いビジネス書に踊らされるべきではありませんが、本はそれを読んで自分が成功するといったような高揚感が持てないと、楽しく読み進めることができません。

僕は成功のイメージができて、かつ、ビジネスの基礎をきちんと身につける書籍が必要だとずっと考えていました。多くのビジネスパーソンにとってそういう本こそが助けになるはずだと。だから不安はありましたが、僕はこの本を書かなければいけないと強く思ったのです。

くり返しますが、誰にとっても仕事で成功できる確実な方法はありません。ただ誰でもその可能性を高めることはできます。その可能性を高める一番の方法は、**ビジネスの基本をきちんと学び、まずは目の前の仕事を着実に実行していくこと**です。

つまりこの本でお伝えした**畳み人としてのスキルを高めることが、その可能性を高める一番の近道**なのです。

いつあなたに大きな世界に飛び出すチャンスが来るかは誰にもわかりません。あなたもコントロールができません。でも長い仕事人生において必ずそのチャンスはきます。ぜひ畳み人という選択をしてビジネスの力を蓄え、そのチャンスに備えてください。絶対にその選択を僕は後悔させません。畳み人は最高の働き方です。

そしてこの畳み人という働き方を世の中に広めたいという僕の想いに共感いただき、この本の企画をプロデュースしてくださった作家の原マサヒコさん。原さんなくして、この本は生まれませんでした。

また出版の機会を作ってくださったプレジデント社の渡邉崇さん。渡邉さんからは執筆の指導はもちろんのこと、先輩編集者として多くの学びを与えてくださり感謝しています。

僕の執筆を常に支えてくれた編集者の大島永理乃さん、加藤純平さん。小うるさい編集者の本の編集なんて面倒だったと思います。それでもめげずに付き合っていただき本当に感謝しています。その支えがあったからこそ、この原稿を書き上げることができました。

風呂敷畳み人サロンメンバーのみんな。みんなには草案の段階から色々なアイデアをもらいました。そして長い期間、何度も原稿を読んで意見をくれて、本当に助かりました。みんながいることが僕の支えでした、ありがとう。

幻冬舎のコンテンツビジネス局のメンバー。みんなが現場で仕事を着実に畳んでくれているおかげで、僕はこの本を書き上げることができました。いつも感謝しています。だから僕はこの部署を日本一みんながやりたい仕事のできる場所に、これからも成長させていきます。

僕に色々なチャンスをくれた幻冬舎の石原正康専務、そして戦友であり、親友の箕輪厚介くん。これからもどんどん風呂敷を広げてください。僕は今まで多くの風呂敷を畳むことができたからこそ、成長することができました。

そして幻冬舎の見城徹社長。入社してから今までの15年間、見城さんとの全てのやり取りが僕の学びであり、貴重な財産です。何もわからなかった僕に度重なるチャンスを与えてくれ、広くて大きな世界を見せてくれました。そしてこの本の出版が決まった時、報告に行った僕に「いい話じゃないか、絶対売れる本を書けよ！」と見城さんが笑顔で言ってくれた瞬間のことは、一生忘れません。

「設楽がどんどん有名になることが、結果的に大きな利益として会社に戻ってくるんだよ。だからもっとやりたいことをしなさい」

そう言って会社の仕事はもちろん、社外の活動まで応援していただけて感謝しかありません。こんな最高な社長は、世界中どこを探しても見城さんだけです。

僕は絶対、今以上に会社に利益を返せるように頑張ります。もっともっとはみ出していきます。

そして風呂敷畳み人の相方として僕と一緒に活動してくれているNewsPicksの野村高文さん。野村さんとの「畳み人」としての活動が僕の人生を変えてくれました。この本の中には、野村さんから教わった多くの学びも詰め込んでいます。これは僕ら二人の本です。これからも「畳み人」を世の中に広げていきましょう。

最後に、この本を最後まで読んでくださったあなたへ。

焦らなくても大丈夫。仕事人生は長いマラソンのようなレースです。無理に全力疾走してはじめだけ1位になっても仕方がありません。前半で先頭集団にいても、途中でバテてリタイアしてしまっては意味がないのです。

本書に詰め込んだノウハウが、少しでもあなたの仕事の筋力を鍛え、持久力を蓄えさせ、長い仕事人生のレースを完走するための助けになれば嬉しいです。

この本は、あなたの明日をすぐに変えるものではないかもしれません。でもここに書いてあることを着実に実行し、努力し続けていただければ、いつか必ずあなたが本当にやりたい仕事ができるようになると、僕は確信しています。

設楽悠介

風呂敷畳み人サロン

●オーナー

設楽悠介（@ysksdr）／ 野村高文（@nmrtkfm）

●メンバー

秋山康二郎（@kojiro1221）
荒井えりな（@qpgp）
石井 智圭
大津賀新也（@shinya_002ga）
梶村良一（@kajimura）
加藤俊輔
日下伸彦（@gakuya_nk）
倉地衣里佳（@eri0903）
黒田悠介
鴻巣理恵（@k_nosu）
小谷野瑛美
真田史也（@FumiyaSanada）
澤田万寿江（@masuely）
守隨佑果（@yuu8279tapwtapw）
関戸大（@MasaruSekido）
代麻理子（@daimarikooo）
高井あずさ（@_azunzu）
竹本進之介（@nosk098）
田畑あかね（@akanetabata）
つぶ/佐敷亮太（@tbshiki）
長島ちほ（@chiho_quinn）
中原由梨（@urumania69）
西村靖正（@ynhorn）
西山卓也
東成樹
藤本智子
本間友隆（@tomotakafinal）
松石圭介
松浦優美子
三浦えり（@eripope）
村上照明
森田範義
Takaaki Moriyama
Kiyoko Momma
安田真理恵（@malie_alohawave）

※（ ）内はTwitterのアカウント名です

読者特典

本書『「畳み人」という選択』をご購読いただいた皆さまに、
様々な読者特典やキャンペーンをご用意しております。
詳細は以下のサイトよりご確認ください。

設楽悠介 公式サイト

https://www.protocolpunk.com/#sp

設楽悠介（しだら・ゆうすけ）

株式会社幻冬舎編集本部コンテンツビジネス局局次長／「あたらしい経済」編集長

1979年生まれ。明治学院大学法学部卒。マイナビを経て、幻冬舎に入社。同社でコンテンツビジネス局を立ち上げ、電子書籍事業・WEBメディア事業・コンテンツマーケティング・新規事業等を担当。仮想通貨・ブロックチェーンに特化したメディアプロジェクト「あたらしい経済」を創刊し編集長に。マンガ出版社の幻冬舎コミックス、CAMPFIREとの合弁会社エクソダス、その他関連企業の取締役を複数社兼務。またエン・ジャパンの新規事業「pasture」のアドバイザーも務める。

個人としてNewsPicks野村高文氏とのビジネスユニット「風呂敷畳み人」を組み、Voicyで「風呂敷畳み人ラジオ」の配信や「風呂敷畳み人サロン」など、数々のビジネスコンテンツを発信。イベント登壇やメディア出演も多数。またサウナ好きがこうじて「サウナサロン」も主宰。

ツイッター :https://twitter.com/ysksdr
公式サイト :https://www.protocolpunk.com

「畳み人」という選択
「本当にやりたいこと」ができるようになる働き方の教科書

2020年2月28日　第1刷発行

著　者　設楽悠介
発行者　長坂嘉昭
発行所　株式会社プレジデント社
〒102-8641
東京都千代田区平河町2-16-1
平河町森タワー13F
https://www.president.co.jp
電話　編集（03）3237-3732
販売（03）3237-3731

プロデュース　原マサヒコ
装　丁　渡邊民人　谷関笑子（TYPEFACE）
DTP　横内俊彦（ビジネスリンク）
構　成　加藤純平（ミドルマン）
編　集　渡邉崇　大島永理乃
特別企画協力　野村高文（風呂敷畳み人）
校　正　篠原亜紀子
販　売　桂木栄一　高橋徹　川井田美景　森田巌　末吉秀樹
制　作　関結香
印刷・製本　図書印刷株式会社

ISBN978-4-8334-2350-2
Printed in Japan